Manuk Abeghian

Der armenische Volksglaube

Manuk Abeghian

Der armenische Volksglaube

ISBN/EAN: 9783743315143

Hergestellt in Europa, USA, Kanada, Australien, Japan

Cover: Foto ©Lupo / pixelio.de

Manufactured and distributed by brebook publishing software
(www.brebook.com)

Manuk Abeghian

Der armenische Volksglaube

DER

ARMENISCHE VOLKSGLAUBE.

VON

DR. MANUK ABEGHIAN.

➤❘◅

LEIPZIG
DRUCK VON W. DRUGULIN
1899.

.

Inhalt.

1.
Die Quellen und der allgemeine Charakter des armenischen Volksglaubens.

Die armenische Volkskunde hat in Ostarmenien mit der neuarmenischen Litteratur begonnen, die erst einige Decennien alt ist. Die meisten Schriftsteller beschäftigten sich in ihren Werken mit dem Volksleben, das mit seinen Sitten, Sagen, religiösen, sogar abergläubischen Bräuchen geschildert und wiedergegeben wird. Daher befindet sich ein ziemlich reiches Material zu ethnologischen Studien Armeniens in der Kunstlitteratur. Der eigentliche Folklore aber hat erst seit 1874 begonnen. Der Bischof Servanztian ist darin der Bahnbrecher gewesen, indem er im Laufe einiger Jahre eine reiche Sammlung von westarmenischen Sagen, Volksliedern, Märchen, Rätseln, Sprichwörtern, und Berichten über Sitten und abergläubische Gebräuche herausgegeben hat. Seinem Beispiele sind andere gefolgt, sodass das jetzt vorhandene Material zu einer — allerdings einseitigen — Bearbeitung des armenischen Volksglaubens ausreicht. Denn die Sammler sind bei ihrer Arbeit leider nicht systematisch vorgegangen. Das meiste bleibt noch aufzuschreiben, und viel aufgeschriebenes Material bleibt in den Händen der Sammler ungedruckt, weil die Bücher überhaupt und besonders diejenigen solchen Inhalts zu wenig Absatz finden.

Ich konnte in dieser Überschau des armenischen Volksglaubens leider nicht alle gedruckten Quellen benützen. Die folgenden Sammlungen bilden meine Hauptquellen:

1

AU = Allahverdian, J. Ulnia oder Zeithun. Konstantinopel.
1884.

EZ = Ethnographische Zeitschrift, herausgeg. von E. Lalayan. I. B. Schuscha, 1895. II. B. Tiflis 1897.

HB = Howsepian, G. Bruchstücke der Volkslitteratur,
Tiflis, 1893.

LD = Lalayan, E. Die Düfte von Djavachk'. Tiflis, 1892.

NM = Navasardian, T. Armenische Volksmärchen, Sagen,
Lieder, Gebete, Bräuche u. a. 1—8 Hefte (In dem
VI. und VII. Hefte sind auch einige von meiner
Sammlung gedruckt).

Sch.V = Scherenz, Die Leier von Van. Tiflis, 1893.

SGG = Servanztian, G. Geschmack und Geruch, Konstantinopel, 1884.

SM = Servanztian, Manna. Konstantinopel, 1876.

SMK = Servanztian, Meissel und Hacke. Konstantinopel,
1874.

TT = Ter-Alexandrian, Das geistige Leben der Tifliser.
Tiflis, 1885.

Ausserdem das Volksepos]]ɯɯՄɯʝ ɕ̣ɯ.եɾ „Die Helden
von Sassun“. einige Varianten von Howsepian, G., Tiflis
1893: eine Variante von mir, unter dem Titel „David und
Mehər, Schuscha, 1889.

Der Wert der aufgeführten Sammlungen ist lediglich in
dem darin enthaltenen Material zu erblicken, von irgend
einem Verständnis oder richtiger einer Klassificierung der
angeführten Lieder, Gebete u. dergl. kann keine Rede sein.
Diese Arbeit bleibt ausschliesslich dem Leser überlassen.
Nur die zwei Bände der Ethn. Zeitschrift bilden eine Ausnahme. Das meiste Material, das ich diesen Quellen ent-
nommen habe. habe ich auch selbst in verschiedenen Gegenden Armeniens gefunden.

Studien und Bearbeitungen des armenischen Volksglaubens sind mir nicht bekannt. Von den Bearbeitungen
des altarmenischen Glaubens hat als Quelle gedient:

AAG = Alischan, Der alte Glaube oder die heidnische Religion Armeniens, Venedig, 1895.

Dies ist eine ausführliche Zusammenstellung des in alten und mittelalterlichen armenischen Schriften befindlichen Materials über den heidnischen Glauben Armeniens. Die hier nicht aufgeführten Quellen werden im Laufe der Darstellung angezeigt, doch sei erwähnt, dass auch einiges aus meiner ungedruckten Sammlung benützt ist, die in den Darstellungen nicht angeführt ist, um Wiederholungen zu vermeiden. Ich habe das meiste Material in meiner Heimat, im Dorfe Astapat, aufgezeichnet. Einiges von diesem Material, das gewiss nicht zu dem einen Dorfe nur gehört, kann sich auch in den oben aufgeführten Quellen finden. Von den altarmenischen Schriften habe ich Eznik, „Die Widerlegungen der Heidensekten" (Ausgabe von Venedig) unter der Hand gehabt, in welcher sich auch viel Material für den altarmenischen Volksglauben befindet. Er widerlegt nämlich in dem ersten Teil S. 68—110 und in dem zweiten Teil S. 149—187 entweder echtarmenische oder fremde aber schon armenisierte Volksauffassungen, obgleich er die Armenier fast nicht erwähnt. Aber aus den Ausdrücken, wie ասէն „man sagt", վասն Հարցանելոյ ոմանց Թէ... „weil einige gefragt haben, dass"... u. dergl. muss man den Schluss ziehen, dass es sich um Armenier handelt. Fast alles, was Eznik in den erwähnten Zeilen gemäss seinem Programm (S. 111): „Die Auswärtigen mit Wahrheitsgründen — und nicht durch die Bibel zu widerlegen — und die angeblichen Inneren und nicht zur Wahrheit gekommenen [d. h. die Armenier. welche noch an viel heidnisches glaubten] mit der heiligen Schrift zu widerlegen", mit Bibelzeugnissen widerlegt. findet sich im heutigen armenischen Volksglauben.

Der armenische Volksglaube ist gewiss zuerst christlich. Aber ein Volk. das noch der Schrift und der Schulbildung entbehrt, wie es bei den meisten Armeniern der Fall ist, das in enger Nachbarschaft mit schriftlosen

Nomadenvölkern wohnt, hält fest an seinen alten Über-
lieferungen. Daher sind noch viele Seiten des alten heidnischen Glaubens — allerdings schon im Verschwinden
begriffen — in dem heutigen Volksglauben, besonders bei
den tiefer stehenden Volksschichten, bei alten Bäuerinnen,
als Überbleibsel der Vergangenheit erhalten. Zu diesen
beiden Elementen, dem christlichen und dem heidnischen, ist
noch die Einwirkung des Muhamedanismus durch die Araber,
Perser und Türken hinzuzufügen, unter deren Herrschaft
und in deren Nachbarschaft die Armenier Jahrhunderte
lang gewesen sind: und wir bekommen die Bestandteile des
heutigen armenischen Volksglaubens: Christentum, Heiden-
tum und Muhamedanismus. Aber so gross die muhameda-
nische Einwirkung auf die armenischen Sitten, Gebräuche
und auf die Sprache selbst ist, so gering ist sie auf den
Glauben. Darum bleiben hauptsächlich die zwei Bestandteile: der christliche und der heidnische, übrig.

Die heidnische Seite, die den Inhalt dieser Betrachtung
ausmacht, stellt eine niedere Mythologie vor, wie sie fast
alle Völker der Welt haben, und sie tritt im Seelenglauben
und Totenkultus, in der Verehrung und in mythischen Auffassungen physischer Erscheinungen und Naturgegenstände,
und im Dämonenglauben und Zauberkultus auf.

Die Vorstellungen des armenischen Volksglaubens und
die meisten Mythen und Sagen finden sich allerdings auch
bei anderen indogermanischen und nicht indogermanischen
Völkern, viele Gedanken des armenischen Volksglaubens,
sowie jedes Volksglaubens, können als der ganzen Mensch-
heit angehörende Elementargedanken echt armenisch sein,
aber die meisten ähnlichen Seiten sind gewiss durch
Entlehnung oder Übertragung zu erklären. Die Nachbar-
völker und die Mitbewohner des historischen Heimatlandes
der Armenier, sind zu allen Zeiten sehr zahlreich gewesen,
wie noch heute. Sie alle haben gewiss irgend eine Einwirkung auf die armenischen Sitten, Bräuche und den
Volksglauben gehabt, daher ist es schwer zu unterscheiden,

— 5 —

was von fremden Völkern, sei es den einen, sei es den andern, in alter oder in neuerer Zeit entlehnt ist.

Als armenischer Volksglaube ist auch alles zu bezeichnen, was bei dem Volke allgemeine Verbreitung gefunden hat, wenn es auch fremden Ursprungs ist. Es kommt in erster Linie darauf an, die noch nicht einheimisch gewordenen und im Bewusstsein des Volkes selbst als fremd geltenden Teile des Volksglaubens auszuscheiden.

Als ein Mittel, um das Fremde vom armenischen oder armenisierten zu unterscheiden, kann die Sprache dienen. Während z. B. die altiranischen Lehnwörter im Armenischen längst armenisiert sind, werden dagegen die zahlreichen arabischen, neupersischen und andern, besonders türkischen Wörter, welche im Volksmunde allgemein gebräuchlich sind. — wenn nicht immer im Bewusstsein des ganz gemeinen Volkes selbst, wenigstens der etwas höheren Klassen. — meistens noch für Fremdwörter gehalten. So wird z. B. das Wort *Թոնիր*, Ofen, Backofen, schon für armenisch gehalten. aber das Wort *օջախ*, der Herd, gewöhnlich für nicht armenisch. Im Gebrauche wird auch oft statt *օջախ* entweder *Թոնիր* oder *կրակ*, Feuer, gebraucht, z. B. *օջախ անել* ist gleichbedeutend mit *կրակ անել*, Feuer machen. Alles was mit solchen noch nicht armenisierten Wörtern verbunden ist, nehmen wir nicht in unsere Betrachtung auf, wenn es nicht ein sehr verbreiteter Glaube ist, oder wenn es nicht aus anderen Gründen für armenisch gilt. Der Kultus des Herdfeuers z. B. und die Heiligkeit des Herdes sind gewiss kein in den letzten Jahrhunderten entlehnter Brauch, weil man jetzt fast überall in Armenien den Herd mit dem oben erwähnten neu entlehnten Fremdworte *օջախ* nennt, wenn man die Heiligkeit dieses Herdes ausdrücken will. Man kann auch nicht annehmen, dass die Armenier keinen *օջախ* Herd bauen konnten, bevor sie das Wort *օջախ* entlehnt hatten. Denn was man in Armenien eigentlich *օջախ* nennt, sind zwei Arten von ganz primitiv gebauten Herden: Man stellt zwei oder drei Steine neben-

einander, indem man einen Zwischenraum zwischen den
Steinen lässt, stellt den Kessel auf die Steine und macht
unter dem Kessel im Zwischenraum das Feuer. Dieser
Herd ist aber nicht heilig. Die zweite Art von օջախ Herd
ist die von vier kleinen Erhöhungen umgebene gewöhnliche
Feuerstätte, wo der Kessel auf einen Dreifuss gesetzt wird.
Das Feuer wird unter dem Dreifusse angemacht. Dies gilt
stellenweise als heilig. Heilig ist auch der Kamin, dessen
eigenartige Bauart sehr alt zu sein scheint, aber seine
Heiligkeit ist nicht verbreitet. Nur der alte թոնիր T῾onir,
der Ofen, Backofen, der von den Iraniern entlehnt ist[1])
und im fünften Jahrhundert schon gebraucht wird, gilt
überall in Armenien als heilig. Er wird mitten im Hause.
im Boden gebaut, wird der Kirche gleich gesetzt, bei ihm
wohnen die Hausgeister, wahrscheinlich die Manen, welchen
man bei den Ereignissen des Familienlebens, z. B. bei der
Hochzeit, Opfer darbringt u. s. w. Man kann daher nicht
annehmen, dass der Kultus des Herdes, eigentlich der T῾o-
nirs, erst mit dem Worte օջախ Herd von den tatarischen
Stämmen übernommen sei.

Um uns in dieser Ausscheidung des erst in neuerer
Zeit entlehnten Fremden nicht zu irren, benützen wir
nicht die Märchen, welche am leichtesten von einem Volke
zu dem anderen wandern, zumal da nicht an alles, was in
Märchen erzählt wird, geglaubt wird, obgleich viele Märchen
ganz Altes enthalten können und enthalten. Einige Male
nur ziehen wir die Märchen zum Vergleich heran, wenn
das Material auch aus anderen Quellen bekannt ist.

Da wir eine Übersicht des armenischen Volksglaubens
geben wollen, ziehen wir die Parallelen aus dem Glauben
anderer Völker gewöhnlich deshalb heran, um einige ver-
dunkelte Rudimente alter Vorstellungen und Gebräuche
zu erklären. Aber eins können wir nicht ausser Betracht
lassen: Die Einwirkungen, welche die heidnische Religion

---

[1]) Hübschmann, Arm. Gramm. I, S. 155.

Armeniens durch die iranische Religion erfahren hat, sind im jetzigen armenischen Volksglauben noch ganz sichtbar. Den Mittelpunkt des armenischen Volksglaubens bildet, wie in der iranischen Religion, der Gegensatz *բարի լոյս* des guten Lichtes und *մութ խաւար* der dunklen Finsternis, oder der lichten Geister, welche meistens unter christlichen Namen auftreten und der bösen Dämonen, *սեւ դևեր* der schwarzen Devs, die unsichtbar, zuweilen auch in sichtbaren verschiedenartigen Verkörperungen in der Luft, dem Wasser, der Erde und den menschlichen Wohnungen herumschweifen. Es besteht ein endloser Kampf zwischen den lichten Geistern, welche dem Menschen freundlich sind und ihn schützen, und den finsteren Dämonen, welche ihm feindlich sind und Schaden bringen. Alles Gute: Leben, Tageslicht, Freude, Glück u. s. w. fasst man als Wirkung der lichten Geister auf und alles Böse: Tod, Finsternis, Krankheiten, Unglück u. s. w. als eine der bösen Nachtdämonen. Daher fürchtet man sich vor den schwarzen rauchartigen Dämonen, Devs oder *չարունք*, „Bösen", aber man verehrt sie nicht. Man verehrt eigentlich nur das Licht, das das höchste Gut ist. Der gute „alleinige Herrgott". der die Welt regiert und dem Menschen seinen *լոյս Հաւատ*, „lichten Glauben" und Gerechtigkeitsgesetze gegeben hat, wird auch als Licht aufgefasst. Aber er mischt sich selten in die menschlichen Angelegenheiten ein. Er hat unter seinem Befehle und in seinem Dienste die Engelschaaren und die Truppen der Heiligen: Christus, die heilige Jungfrau und andere. Alle Heiligen werden, so wie die Seligen, wieder als Licht gedacht, die Engel aber gewöhnlich als *Հրեղէն*, „feurig". Vieles ist freilich von heidnischen Göttern auf die Heiligen und den Engel Gabriel übertragen.

II.

Seelenglaube und Totenkultus.

Die Seele als Atem. Der Seelenglaube, der den
Naturvölkern der ganzen Welt im wesentlichen gemeinsam
ist, nimmt auch in den religiösen Vorstellungen der Armenier heute noch eine grosse Stelle ein, und, was besonders zu bemerken ist, die Auffassungen der Seele und des
Lebens nach dem Tode in verschiedenen Entwickelungsstadien
leben noch im armenischen Volksglauben neben einander.
So finden wir u. a. eine der ursprünglichen Auffassungen
der Seele: die als Atem[1]), wonach die Seele als Wind oder
als ein luftiges Wesen gilt. Es ist z. B. ein gewöhnlicher
Ausdruck von der Seele: „Die Seele ist nichts anderes als ein
Atem; man haucht sie aus und man ist am Ende." Daher
werden auch im armenischen շունչ Atem, ոգի oder հոգի
Seele, Geist, oft als synonym gedacht. So finden wir z. B.
bei Eznik շունչ եւ մարմին „Atem (Seele) und Leib".
„Der Atem des Menschen ist körperlos" (S. 178). Andererseits wird ոգի oder հոգի, Seele, Geist, im Sinne von Atem,
Hauch gebraucht; so bemerkt schon Eznik (S. 90): „Der
Name der Seele und des Windes ist im Hebräischen, Griechi-
schen und Syrischen dasselbe Wort; wenn man aber im
Armenischen den Sinn genauer betrachtet, ist es darin auch
der Fall. Wenn jemand von einem bedrängt ist, sagt er:
„er liess mich nicht die Seele einschlucken", „er liess mich
nicht die Seele einnehmen (Atem holen)", und dadurch
spricht er sich über die Luft, die wir immer einatmen,
aus. Im Neuarmenischen sagt man eher: շունչ առնել „Atem
holen", als ոգի առնուլ „Seele holen"; aber im Neu- sowie
im Altarmenischen sagt man mit ոգի Seele, Geist: յոգւոց

---

[1]) Tylor, Anfänge der Kultur I. S. 425 ff. Lippert, der Seelenkultus,
Berlin 1881. S. 6 ff.

Հանել tief ein- und ausatmen, seufzen. Հոգին փչել, die Seele ausatmen, sterben u. e.

Vision und Traum. Obgleich die Seele dem Leibe das Leben giebt, ist sie von ihm unabhängig; sie verlässt ihn zuweilen und entfernt sich auf kürzere oder längere Zeit, um umherzuschweifen. Der Leib versinkt zu dieser Zeit in Bewusstlosigkeit oder in Ohnmacht und liegt atemlos da, bis die Seele in ihn zurückkehrt. Man erzählt gewöhnlich, dass die Seele während ihrer Trennung vom Körper ins Jenseits wandert, wie bei den Indern das manas den ohnmächtig daliegenden Körper verlassend ins Jenseits zu Yama, dem Beherrscher der Toten, geht, und „mannigfaltige Scenen aus dem Jenseits erblickt"[1]), so schweift auch die armenische Seele in die Hölle oder ins Paradies, wo sie so manches sieht, nämlich wie ihre verstorbenen Bekannten in der Hölle gequält werden, oder im Paradiese in Lichtern und աստուածութեան հոտի մէջ im „Unsterblichkeitswohlgeruche" sich erfreuen. Sie sieht sogar Gott im Himmel und spricht mit ihm (EZ. II. S. 186. SMH. S. 37. SM. S. 88). Man nennt ein solches Herausfahren, տեսիլք դալ Vision, zur Vision, „zum Sehen" gehen[2]), und viele Leute gelten als Visionäre. Das Träumen ist keine Vision. obgleich im Traume auch die Seele austritt und umherschweift. Als Vorhersagungen gelten solche Träume, in welchen die Engel, Heiligen oder die Seelen der verstorbenen und lebenden Menschen den Schlafenden besuchen, um ihm etwas vorherzusagen. Daher ist der gewöhnliche Ausdruck für das Träumen: Diese Nacht երազ եկաւ ինձ kam (der heilige Karapet, der Engel, oder mein seliger Vater) zu mir im Traume und sagte"[3]) (HB. S. 40. SMH. S. 138).

Die Gestalten der abgeschiedenen Seele. Die Seele fährt beim Tode aus dem Mund heraus und lebt

[1] Oldenburg, die Religion des Veda, Berlin 1894. S. 526.

[2] Vgl. Tylor, Anfänge der Kultur I. 432. Lippert, Seelenkultus, S. 31.

[3]) Vgl. Tylor, Anfänge der Kultur I. 433.

vom Leibe abgeschieden unsichtbar fort. Sie kann aber
sichtbare Gestalt annehmen. Sie wird gewöhnlich in menschlicher Gestalt, als Etwas dem Körper ähnliches gedacht,
zuweilen nur ein wenig kleiner als der Körper, und zwar
werden alle Seelen, sowohl die der Erwachsenen als auch
die der Kinder als gleich grosse gedacht (EZ. I. 317). Sie
erscheint auch oft in Tiergestalten, sogar als ein lebloser
Gegenstand, als eine „Kinderwickel aus Watte", oder als
ein kugelförmiger Lichtklumpen. Die gewöhnlichste von
den Tiergestalten ist die eines weissen Vogels, wenn der
Verstorbene unschuldig war, und eines schwarzen Vogels,
wenn er ein Schuldiger war. Wie bei den Indern die Väter
einherziehen, das Aussehen von Vögeln annehmend[1], so
fliegen die Seelen bei den Armeniern unter der Gestalt
eines Vogels umher und setzen sich im Hofe auf die Bäume
(EZ. II. 185), wo man sie häufig gesehen haben will, besonders die Kinderseelen, welche im Paradiese auch auf
dem mythischen ֆառ խնկենի „Weihrauchbaume" sitzen.

Gespenster und ihre bösen Einflüsse. Unter
den verschiedensten, immer wechselnden Tiergestalten erscheinen die abgeschiedenen Seelen, welche oft an den
Wegen stehen und die Reisenden erschrecken, indem sie
als Katze, schwarzer Hund, Wolf, Bär, Esel u. s. w. erscheinen, oder als ganz nackte Menschengestalten, die den
Vorbeigehenden auf den Rücken springen, bei den Reitern
hinten aufsitzen. Man erkrankt aus Furcht vor diesen
Spukgestalten. Sie kommen in der Nacht sogar in die
Dörfer oder Städte hinein, schweifen um die Häuser herum,
und gehen gegen Morgen in ihre Gräber zurück. Als Gespenster kommen nur Türken, unreuige Sünder, Bösewichter
und Selbstmörder vor (SM. 82. J. Kostanian, Aus den
Legenden und dem Volksleben von Schirak. 1896. S. 71).

Die abgeschiedenen Seelen spielen nicht nur solche
boshafte Spiele, sie erscheinen auch als bösartige Wesen,

[1] Oldenburg, Die Religion der Veda. S. 563.

die, wie bei anderen Völkern, Schaden bringen [1]), indem sie
in den Einzelnen hineinfahren, oder ihn überfallen. Die
Krankheiten werden noch immer durch die Einwirkung
böser Dämonen erklärt, daher fürchtet man sich oft vor
dem Kranken; ganz besonders, wenn er in Ohnmacht fällt,
halluciniert, oder schmerzhafte Gebärden macht. „Das ist
der Böse, der ihn quält", sagt man gewöhnlich. und unter
diesem „Bösen" versteht man nicht selten eine abgeschiedene
Seele, die dem Lebenden nachstellt. Die Rudimente solcher
Auffassungen leben noch fast überall in Armenien. Wenn
z. B. jemand in einer Familie bald nach dem Tode eines
Familienmitgliedes, insbesondere eines sehr arbeitsunfähigen
alten Greises, der nicht gut behandelt wurde, erkrankt,
glaubt man, dass die Krankheit von dem Verstorbenen ge-
stiftet sei, und dass er sich nicht ausruhe, bevor er einen
bis sieben von den Familienmitgliedern nach sich gezogen
habe. Daher macht man sein Grab auf, schneidet vom Leibe
den Kopf ab, wie man es den Revenants auch thut (SM.
S. 85), zerschlägt den Kopf, oder steckt eine Nadel in Herz
und Kopf. Man schneidet sogar ein Stück von dem Herzen
aus und giebt es dem Erkrankten, damit er es mit Wasser
nehme, um sich zu heilen (EZ. II. 153. 184). Das ist ein
Rudiment eines alten Glaubens. wie ihn jetzt die Naturvölker haben. Bei den Armeniern kommt es freilich selten
vor, und der Sinn dieser Sitte ist dem Handelnden nicht
ganz verständlich. „Aus Selbsterhaltung", schreibt Bastian,
„geht das Streben des Lebenden dahin, sich die Toten (deren
Einflüsse in Krankheit und anderem Leid spürbar sind)
vom Leibe zu halten; wenn es mit Schmeicheleien nicht
geht [das Einessen oder Eintrinken als „ehrenvollste Be-
stattungsweise" nicht beliebt], durch Gewalt (im Festbin-
den, Einrammeln, Aufspiessen u. dergl.)"[2]) So bemüht

---

[1]) Bastian, Verbleibsorte der abgeschiedenen Seele. S. 8.
[2]) A. Bastian, Die Verbleibsorte der abgeschiedenen Seele, Berlin
1893. S. 10.

sich der abergläubische Armenier, indem er glaubt, von der abgeschiedenen Seele heimgesucht zu sein, durch die Gewalt, die er der Leiche anthut, die böse Einwirkung der Seele zu vernichten, oder durch das Einnehmen oder Einessen des Herzens, da dieses als der Sitz der Seele gilt, die Seele selbst aufzuzehren und als Einzelexistenz ganz zu vertilgen, oder unschädlich zu machen, wie es noch viele Naturvölker thun[1]). Die Furcht vor den abgeschiedenen Seelen ist so gross, dass, wenn man vom Hause eine Leiche herausführt, man hinter dem Verstorbenen wie hinter einem Feinde Töpfe wirft und zerschlägt mit den Worten: „Geh' und komm nicht zurück"[2]), da wenn sie zurückkehrt, sie um zu schaden zurückkehren soll (SM. 107)[3]). Deshalb herrscht bei den Armeniern eine grosse Furcht vor den Leichen und Gräbern; wenige Leute wagen allein in der Nacht nach den Friedhöfen zu gehen. Man beobachtet oft abergläubische Bräuche, um sich oder die anderen der bösen Einwirkung der Toten zu entziehen, z. B. darf der Priester, der bei der Bestattung dem Begräbnisse vorangeht, sich nicht umsehen; man bindet dem Toten die Zehen mit einem Faden (EZ. II. 179. 181), vermutlich um ihm die freie Bewegung zu nehmen. Man darf nicht den Kopf waschen oder die Wäsche reinigen, wenn im Dorfe ein Verstorbener noch nicht begraben ist, um vom „Todesengel" oder „Groł", der wegen des Toten im Dorfe ist, nicht կոխուել „getreten", oder կոխուել „geschlagen" zu werden und zu erkranken (EZ. II. 184). Solche Kranken heissen Հրեշտակակոխ oder գրոզէ զարկած „vom Todesengel getretene" oder vom „Groł geschlagene" (SM. S. 69), aber sie heissen auch մեռելից վախեցած „vor dem Verstorbenen sich fürchtende" und die Krankheit heisst oft ganz einfach:

---

1) Lippert, Seelenkult. S. 69. 73.
2) Dasselbe thut man, wenn ein Feind vom Hause fortgeht, dagegen wenn ein Freund fortgeht und man baldige Wiederkehr wünscht, giesst man hinter ihm Wasser aus (vgl. SM. S. 107).
3) Oldenburg, die Rel. d. Veda S. 494.

վախ, „Furcht", die Jedermann, der sich in der Nähe einer Leiche oder eines frischen Grabes aufhält, bekommen kann. Daraus geht hervor, dass jener Todesengel im Volksglauben häufig mit dem Verstorbenen verwechselt wird. Auch alles, was man zur Heilung der Krankheit *վախ* „Furcht" oder *հիշատակելս*, *դրողի դարկաձ* thut, zeigt deutlich, dass man glaubte, sie ursprünglich nicht auf den Dämon, sondern auf die abgeschiedene Seele zurückführen zu müssen. Man giesst z. B. in meiner Heimat, auch in anderen Orten (EZ. II. 183) am Tage nach dem Begräbnis beim Vollzug des Ritus *այդ*. „Morgen" in eine Grube auf dem Grabe des Letztbeerdigten Wasser aus, trinkt es alsdann, wäscht sich das Gesicht, bestreicht sich die Brust, um sich vor der Krankheit „Furcht", die man vom Hingeschiedenen, ohne es zu wissen, bekommen haben kann, zu heilen. Wenn man wirklich krank ist, und als der Stifter der Krankheit der Todesengel oder der Verstorbene vermutet wird, wendet man sich wieder zu den Gräbern um Heilung. Der Kranke beugt sich auf das Grab eines gewaltsam getöteten, oder ohne Kommunion Gestorbenen (da diese am gefährlichsten sind), währenddem giesst man über den Nacken des Kranken Wasser, so dass es in die Grube, die man auf dem Grabe gemacht hat, fliesst. und dann trinkt es der Kranke. Man lässt zuweilen die ganze Nacht das Wasser in einem Topfe auf dem Grabe stehen und der Kranke trinkt es am folgenden Tage und zerschlägt den Topf. Man nimmt zuweilen den Grabstein weg, gräbt eine Grube in die Erde, setzt in die Grube ein Ei, das man mit einem Nagel durchlöchert, bedeckt es mit Erde, giesst dann Wasser in die Grube und trinkt es u. dergl. (vgl. EZ. II. 145. 183. 244). Der Sinn dieser Handlungen ist den Handelnden nicht mehr ganz verständlich; es sind ohne Zweifel Überbleibsel alter Darbringungen an die Verstorbenen, von denen man überfallen zu sein glaubt. Um die böse abgeschiedene Seele zu versöhnen, giebt man ihr Speise und Trank als Opfer. Man vergleiche diesen Brauch

z. B. mit dem Totenopfer bei den Indern[1]): „Man lässt drei Gruben graben, man streut Darbhagras auf dieselben. Dann soll er (der Opferer) das Wassergefäss fassen und es von rechts nach links über das Darbhagras in der östlichen Grube ausgiessen und den Namen des Vaters nennen“ u. s. w.

Geister. Alle diese Spukgedanken und Befürchtungen zeigen als Rudimente eines alten Glaubens deutlich genug, wie die abgeschiedenen Seelen in böse Dämonen übergehen, und als schädliche Geister gefürchtet werden. Daher werden die Seelen und die Geister nicht nur mit demselben Namen bezeichnet, sondern auch als aus derselben Substanz bestehend gedacht. Im Altarmenischen werden հոգի oder ոգի, die eigentlich dasselbe Wort sind, ohne Unterschied für Seele und Geist gebraucht, z. B. bei Eznik (S. 84. 90. 91). Im Neuarmenischen wird in der Schriftsprache հոգի gewöhnlich im Sinne von Seele und ոգի im Sinne von Geist gebraucht, aber das ist ein nur unter dem Einflusse der europäischen Sprache ganz neugeschaffener Unterschied, sonst werden wieder հոգի oder ոգի ohne Unterschied im Sinne von Seele oder Geist gebraucht, und die Dialekte haben sogar entweder nur հոգի oder nur ոգի gewöhnlich im Sinne von Seele; die Geister aber heissen die guten nach ihren Klassen: Engel, Heilige, Seelen (Selige) u. a. die bösen: Dev, Teufel u. a. Wie die Sprache keinen Unterschied zwischen den Seelen und den Geistern macht, so haben nach der armenischen Vorstellung die Geister auch dieselbe Substanz wie die Seelen. Die letzteren, haben wir gesehen, werden als Hauch, Wind aufgefasst, Hauch und Wind oder vom Winde sind auch die Geister, die Engel, insbesondere die bösen (NM. VII. 24). Man sagt von der Krankheit erregenden Einwirkung der Dämonen: „Ein böser Atem hat ihn berührt, oder ein böser Wind hat ihn überfallen“, und unter dem Atem und dem Wind versteht man die bösen Geister.

---

[1]) Oldenburg, Rel. d. Veda S. 549 ff.

Die Seelen als Licht, die Geister als Feuer.
Neben der Vorstellung der Seelen und der Geister als
Atem oder Wind, findet sich auch eine zweite, welche die
verbreitetere und die lebendigere ist. Nach dieser ist die
Seele Licht oder Glanz[1]). Sie kommt bei der Geburt des
Menschen vom Himmel herab und wohnt als Lebensprinzip
in der linken Seite oder im Herzen desselben. So lange sie
im Leibe ist, hat sie unbestimmte Gestalt, oder ist eine
Lichtkugel. Die Kinderseelen nur bleiben die ersten zehn
Jahre licht und weiss, sonst werden die Seelen der Erwachsenen immer dunkler und schwärzer, je mehr sie
sündigen.

Die Geister werden als *հրեղէն* feurig, vom Feuer her-
rührend, aufgefasst (NM. VII. 24). Diese Vorstellung ist so
geläufig, dass das Wort *հրեղէն* „feurig" bedeutet: Engel[2]),
Geist, überhaupt guter Dämon männlichen und weiblichen
Geschlechts, sogar in tierischer Gestalt.

Dieser Glaube ist alt, und schon Eznik (S. 91) schreibt:
„Die Engel, die Devs und die Seelen, sind nicht von der
Natur des Windes und des Feuers; wenn sie von der Natur
des Windes und des Feuers wären, so würden sie gewiss
körperlich und nicht körperlos heissen." An einer anderen
Stelle (S. 92) heisst es: „Wegen des Raums nur und der
Schnelligkeit heissen die Engel, die Devs und die Seelen
der Menschen *ոգեղէնք* որ *է* *հողմեղէնք* von Seele, d. h.
vom Winde. Wie die Engel wegen ihrer heftigen Natur
flammend heissen", u. s. w. Aber das ist nur die Deutung
von Eznik, denn das Volk glaubte zu seiner Zeit, dass die
feurigen Engel sich sogar mit den Frauen vermählten
(Eznik S. 91).

Sittliches Moment und zwei Schutzengel. Mit
der Auffassung der Seelen und Geister als Licht und Feuer

---

[1]) Vgl. Darmesteter, Ormazd et Ahriman. S. 160.

[2]) Nach einer Überlieferung des Talmud „kommt ein Feuerfluss
unter dem Throne Gottes hervor; Engel werden täglich aus ihm ge-
schaffen". Schwartz, der Ursprung der Myth. Berlin 1860. S. 70.

tritt auch eine Teilung derselben ein, nämlich in lichte oder glänzende, weisse Seelen und schwarze, finstere, schattenähnliche; ferner feurige glänzende Geister und rauchartige schwarze. Auf Grund dieser Eigenschaften schreibt man ihnen alsdann einen sittlichen Charakter zu: Alle glänzenden Seelen sind gerecht, und alle schwarzen ungerecht, alle glänzenden, feurigen Geister sind gut und schützen den Menschen, und alle schwarzen Geister sind böse und suchen ihm zu schaden. Die Gerechtigkeit und Ungerechtigkeit bestehen nur in Werken. Um die Werke des Menschen aufzuschreiben, kommen bei der Geburt des Menschen vom Himmel mit der lichten Seele zusammen für den Christen zwei Engel herab (NM. VII. 25). Von dem zweiten Engel erzählt man zuweilen, dass er erst bei der Taufe herabkomme, so dass es bei den Muhamedanern bei einem Engel bleibt. Der eine der Engel, welche oft Schutzengel oder Grol „Schreiber“ heissen, setzt sich auf die rechte Schulter des Menschen und schreibt die guten Werke auf und der andere setzt sich auf die linke Schulter und schreibt die bösen Werke auf (EZ. I. 318. II. 184). Der Charakter der Schutzengel wird verschieden aufgefasst. Oft wird nur der erste, der die guten Werke aufschreibt, für den Schutzengel gehalten, der den Menschen immer zur Gerechtigkeit anleitet, der zweite aber wird als böser Engel gedacht, der den Menschen immer zur Ungerechtigkeit verführt. Daher nennt man den ersten „guten Engel“ und den zweiten „bösen Engel“. Zuweilen (NM. VII. 25) fasst man beide Engel auch als zwei Schutzengel auf, deren einer die Seele schützt, der andere den Leib. Nach dem Tode führt der erste die Seele in den Himmel und der zweite bewacht das Grab.

Der Tod. Die bösen Geister können zwar dem Menschen Unheil und Krankheiten bringen, aber nicht den Tod. Sie sind nur Plagegeister, aber keine Todesdämonen. Denn bei den Armeniern besteht die Auffassung, dass entweder der Tod auf Grund einer Vorherbestimmung eintritt,

oder von den jeweiligen Einwirkungen der bösen Geister
und sonstiger Ereignisse unabhängig in die Hand Gottes
gelegt ist, der in seinem Dienste einen Todesengel oder
bestimmte Geister dazu angestellt hat, um aus dem Menschen die Seele herauszuführen. Also wenn der vorher-
bestimmte letzte Tag kommt, oder wenn Gott es will,
erscheint der Todesengel Հոգևառ Hogēař, „der die Seele
aufnimmt", und der Mensch giebt ihm seine Seele. Wenn
der Mensch es nicht will, zieht er sie mit Gewalt heraus,
daher heisst er auch ՀոգեՀան Hogehan, der die Seele
herausjagt. Der Hogēař wird sehr oft als ein Engel gedacht, der auch գռոլ Grol heisst und auf der ganzen Welt
herumläuft, um Gottes Befehl zu vollziehen. Es wird mithin für sündhaft gehalten, den Groł zu verfluchen (AAG.
S. 227). Der Erzengel Gabriel tritt oft als Hogēař oder
Grol auf. So finden wir in einem epischen Volksliede (HB.
S. 2 f.) den Tod als einen Kampf des Sterbenden mit dem
Todesengel Gabriel aufgefasst:

> „Er (der Todesengel) ist Gabriel, der Tapfere,
> „Der eine Fuss von ihm ist im Himmel droben,
> „Den anderen setzt er auf die Erde,
> „Tötet den Armen, auch den Reichen,
> „Vor keinem Könige macht er Halt."

Hogēař zieht nicht gleich mit einem Male die Seele heraus, er zieht sie zuerst bis zu den Knieen, dann bis zum
Herzen, endlich bis zur Kehle und durch den Mund heraus. Die Seele wird also als ein Abbild des Menschen im
ganzen Leibe anwesend und über ihn sich erstreckend gedacht. Nach einer anderen Vorstellung (EZ. II. 178. NM.
VII. 24) zieht, wenn der Mensch gerecht war, der Gute
unter den zwei Schulterengeln seine Seele heraus. Die Art
des Todes denkt man sich sehr leicht: Der Engel giebt
dem Sterbenden einen roten Apfel oder einen Blumen-
strauss und ladet ihn wie zur Hochzeit in ein Freudenhaus
ein (NM. VII. 25), und der Mensch stirbt ohne Qualen,
sprechend und lachend, sehr gerne. Er vernimmt die Stimme

seiner verstorbenen Verwandten, die ihm zurufen (EZ. II.
177): „Komm, komm hierher, es ist hier besser". Und der
Sterbende antwortet: „Ich komme gleich". Wenn aber der
Mensch ungerecht ist, nimmt der böse Engel, der die bösen
Werke aufschreibt, seine Seele. Diese Art des Todes ist
sehr schmerzvoll, der Mensch will nicht sterben und quält
sich, kämpft mit dem Grol. Dieser schlägt den Sterbenden
erbarmungslos, bis endlich sein Schwert ihm in die Seite
fährt und die Seele heraustritt. Der Mensch stirbt alsdann,
ohne seinen letzten Willen kundgeben zu können.

Die Reise der Seele ins Jenseits. Wie bei vielen
Völkern[1]), so hält sich auch bei den Armeniern die abgeschiedene Seele in der Nähe des Körpers auf, solange die
Leiche nicht begraben ist (EZ. I. 317. II. 185). Sie bleibt
aber nach dem Begräbnis in der Nähe des Grabes und in
der Umgebung der Wohnung während eines ganzen Jahres[2]),
wenn der Verstorbene jüngst entschlafen ist. Daher werden die Seelenpflegen wegen eines einzelnen Toten nur
binnen eines Jahres vollzogen. Nach dieser Zeit gilt der
Tote schon als längst verstorben, soll bereits ins Jenseits
gegangen sein[3]).

Diese Vorstellung scheint aber nur der Überrest eines
alten Glaubens zu sein, denn nach der verbreitetsten und
lebendigsten Auffassung macht sich die Seele gleich nach
Schluss des Begräbnisses oder am folgenden Tage[4]) in
früher Morgenstunde auf den Weg nach dem Orte des Ge-
richtes. Der Weg dauert sieben Tage (EZ. II. 179). Die
zwei Schulterengel begleiten sie. Der böse Engel fällt auf
dem Wege mit Hilfe anderer Bösen über die gute Seele her
und will sie unter seine Herrschaft nehmen, aber der gute
Engel stösst ihn immer mit feurigem Schwerte zurück und
schützt die Seele (vgl. NM. VII. 25).

---

1) Lippert, Seelenkult. S. 17.
2) Vgl. Tylor, Anfänge der Kultur. II. 24 ff.
3) Vgl. Oldenberg, Rel. d. Veda. S. 555.
4) Vgl. Spiegel, Eran. Alt. II. 149 ff. Geiger ostir. Kultur. S. 263, 276 ff.

Das Seelengericht. Das Bild des künftigen Lebens im Jenseits ist gewöhnlich mit der Morgenröte verbunden. „La résurrection mazdéenne", schreibt Darmesteter[1]), „est une aurore finale", während „l'aurore védique est une résurrection de tous les jours". Da bei den Armeniern der Gedanke, dass die Nachtfinsternis eine traurige Todeshölle sei, sehr stark ist, so ist die armenische Morgenröte eine täglich sich wiederholende Auferstehung und zugleich ein Seelengericht. Fast in allen Morgengebeten wird dasselbe erwähnt, z. B.:

„Es wurde Licht! es wurde Licht!
„Das Licht ist das Gute!
„Der Sperling ist noch auf dem Baume,
„Das Huhn sitzt noch.
„Du Thätiger, steh auf und arbeite.
„Lass den Faulen noch schlafen.
„Die Himmelsthore sind offen,
„Der goldne Stuhl (d. h. die Sonne) ist gesetzt,
„Christus sitzt darauf,
„Der Erleuchter steht daneben,
„Er hält die goldene Feder in der Hand:
„Man schreibt die Grossen und die Kleinen auf,
„Die Sündigen weinten,
„Die Gerechten frohlockten" (TT. 26).

In einem anderen Gebete heisst es:

„Die Paradiesthore wurden geöffnet,
„Die Gerechten frohlockten,
„Die Sündigen knieten und weinten,
„Und ich habe keinen Vorrat (von guten Werken) mitzuführen,
„Über die Brücke Mazē (von Haar) zu schreiten,
„Christo zu antworten,
„Es giebt auch keinen Rückweg" (LD. 12. I).

Das Gericht wird wie bei den Iraniern vor den Himmelsthoren gehalten, die sich im Osten befinden. Sie werden, glaubt man, jeden Tag während des Sonnenaufgangs geöffnet (Litter. und Hist. Zeitschr. 1883. S. 372), daher sieht

---

[1]) Orm. et Ahr. S. 239.

der Sterbliche in allen Morgengebeten, wie die Seelen, während die Himmelsthore offen stehen, bei der Brücke Mazē gerichtet werden. Die Art des Gerichts ist auch bei den Armeniern dieselbe, wie bei den Iraniern[1]). Die guten und bösen Werke des Menschen, die der gute und der böse Groł aufgeschrieben und bewahrt haben, werden in der „Gerechtigkeitswage" gewogen. Diese Wage entspricht der iranischen von Rashun, dem Gerechten, welcher Genius der Gerechtigkeit ist. Nach dem Gerichte gehen die gerechten Seelen, deren gute Werke schwerer gewogen haben, ins Paradies, nachdem sie die Brücke Mazē (von Haar) ohne Gefahr überschritten haben, und die Schuldigen gehen in die Hölle, weil die Brücke ihnen zu eng ist, oder die Schwere ihrer Sünden nicht tragen kann. Sie bricht und die Seele fällt in den feurigen Strom hinab, der unter der Brücke fliesst und sich zwischen dem Paradiese und der Hölle befindet. Diejenigen aber, welche weder schuldig noch schuldlos sind, deren Sünden und gute Werke sich das Gleichgewicht halten, bleiben hinter dem Paradiese (EZ. II. 185), zwischen Paradies und Hölle. Die bösen Engel, insbesodere der böse Groł, erheben Anklage gegen die Seele, und die guten Engel verteidigen sie, insbesondere die Jungfrau, die als eine Fürbitterin auftritt. Und wer ist der Richter? Bei den Iraniern ist Mithra, der Gott der Morgensonne, der erste Richter, und bei den Armeniern ist es Christus, der auf der aufgehenden goldenen Sonne seinen Sitz hat. Dieses Gericht ist von dem jüngsten Gerichte zu unterscheiden.

Der Kultus der einzelnen Toten. Der Totenkultus beginnt gleich nach dem Tode. Die abgeschiedene Seele jedes einzelnen Toten, besonders aber die der Alten, braucht in den ersten Tagen nach dem Tode und im Laufe des ganzen ersten Jahres besondere Pflege. Daher ist es für den armenischen Bauern ein grosses Unglück, ohne

---

[1]) Spiegel EA. II. 82. 150. 190. Geiger, ostir. Kult. 279.

Kinder zu sterben [1]). Noch grösseres Unglück aber ist es,
wenn man in der Fremde stirbt, wo es niemanden giebt,
der die Fürsorge, welche die Seele seitens der Lebenden
verlangt, erfüllen könnte. In dieser Seelenpflege sind wieder
Rudimente verschiedener Entwickelungsstadien zu finden.
„Anfangs werden materielle Genüsse verlangt“, schreibt
Bastian [2]), d. h. die Seele braucht etwas zu essen und zu
trinken. Die Speisung der Seele, von der man eine Krankheit bekommt, haben wir oben schon beschrieben. Aber
jeder Verstorbene verlangt Speise, daher setzt man gleich
nach dem Tode ein Brod auf das Herz des Verstorbenen
(EZ. II. 179); man pflegt auch stellenweise ein geweihtes Brod
ihm in den Mund zu stecken, und in die Nasenlöcher legt man
Weihrauch (EZ. I. 310); später sollen noch andere materielle
Fürsorgen angeführt werden, aber die meisten Fürsorgen
bezwecken die Erleichterung der Reise ins Jenseits und die
Verbesserung des zukünftigen Lebens der Seele im Jenseits. Man badet z. B. überall in Armenien die Leiche mit
geweihtem Wasser, man wäscht gleich am folgenden Tage
nach dem Begräbnis die Kleider des Verstorbenen in dem
naiven Glauben, dass dadurch auch die Seele von Sünden
gereinigt werde, sodass sie fleckenlos nach ihrem Bestim-
mungsorte geht. Nach dem Bade folgt zu Hause die Voll-
ziehung des religiösen Brauchs, der denselben Zweck hat
und աՆրքՏք „Fleckenreinigung“ heisst. Die Reinheit und
Weissheit der Leiche wirkt auf die Reinheit und Weissheit
der Seele; daher begräbt man die Leiche nur in ein weisses
Tuch gehüllt. Keine andere Farbe ist zulässig. Wenn der
Verstorbene mehr als zehn Jahre alt ist, lässt man acht
Tage lang auf dem Platze, wo seine Leiche gebadet ist,
Kerzen oder Oellampen brennen, damit der Weg der Seele
ins Jenseits dadurch erhellt werde (EZ. II. 179). Der Ort
selbst, wo die Seele hingeht, wird nach einer älteren Auf-

[1]) Vgl. Darmesteter, Orm. et. Ahr. 294.
[2]) Bastian, die Verbl. d. abg. Seele. S. 17.

fassung für dunkel gehalten, daher legt man gleich nach
dem Leichenbade zwei Kerzen in die Hände des Toten,
damit er seine Verwandten und Bekannten in jener Welt
erkenne (EZ. II. 179). Man vollzieht ganz besondere Cultus-
handlungen in der Zeit bis zum Begräbnisse, am folgenden
Tage nach dem Begräbnis, sowie am siebenten, vierzigsten
Tage und nach einem Jahre. In allen diesen Tagen bringt
man gewöhnlich Speisen und Getränke auf den Friedhof,
legt sie auf das Grab, beweint den Verstorbenen, isst und
trinkt und lässt den Rest auf dem Grabe zurück.

Wie wir schon bemerkt haben, werden die Seelen der
Gerechten, glänzend, weiss gedacht, und diejenigen der
Schuldigen schwarz. Daher heissen die Seligen լուսահոգի
„Lichtseelig“. Um eine lichte Seele zu haben, muss man
freilich selbst gute Werke geübt haben, unter denen
ողորմութիւն „Almosen“, die man den Armen giebt, eine besondere Rolle spielen. Die Seligen heissen auch ողորմածիկ
„Freigebige, Mildthätige“. Aber es ist eine geläufige Anschauung, dass die schwarzen abgeschiedenen Seelen durch
die Mildthätigkeiten, welche die Hinterbliebenen in ihrem
Namen ausüben, und durch das Gebet der Hinterbliebenen
besonders in den ersten Tagen nach dem Tode heller und
glänzender werden. Dementsprechend wünscht sich der
Sterbende Kinder und den Tod in seiner Heimat und im
Kreise seiner Verwandten, damit nach demselben für ihn
gebetet werde. Die Gebete für die Verstorbenen sind kurz,
aber ihre Kraft, wie überhaupt aller Gebete, besteht nicht
in der Länge, sondern in der Wiederholung derselben, und
man wiederholt sie auch jedes mal, wenn man eines Verstorbenen gedenkt: Աստուած ողորմի Հոգուն „Möge sich Gott
seiner Seele erbarmen“, լոյս ՊԱՆԱյ Հոգին „lass seine
Seele licht werden“, Աստուած Հոգին լուսաւորէ „Möge Gott
seine Seele erleuchten“, oder nur լուսաՀոգին „der licht-
seelige N. N.“.

Der Brauch des Leichenschmauses, des ՀոգեՀաց „Seelen-
brod“, Seelenspeise, ist in Armenien noch ganz verbreitet.

Das ist eine Pflicht der Hinterbliebenen, die sie für ihre
Verstorbenen entweder auf dem Friedhofe oder zu Hause
erfüllen. Man isst dabei und man trinkt *ՀոգեԹաս* „Seelen-
becher" oder *ողորմաԹաս* „den Erbarmungsbecher", d. h.
jedes mal. wenn man trinkt, soll man Gott um Erbarmen
für die Seele bitten, damit die Seele weisser und glänzender werde. Um dem Toten eine Menge solcher Fürbitten
zuzuwenden, begnügt man sich nicht mit einem einmaligen
Leichenschmause, es kommen auch mehrtägige Leichen-
schmäuse vor. In einigen Gegenden ist der *եոԹն օրինքի Հաղ*
„der Schmaus des Sieben-Gesetzes", siebentägiger Leichen-
schmaus, Sitte.

Der Manenkultus. Fünfmal im Jahre, bei den fünf
grossen Jahresfesten, feiert man am darauffolgenden Tage
auch *մեռելոց յիշատակ* das „Andenken der Toten". Wie bei
den Iraniern die Fravaschis um die Zeit des Festes Hama-
spatmaidaja aus dem Jenseits auf die Erde zurückkehren[1]),
so steigen auch bei den Armeniern die Seelen schon am Sonnabend, — am *նաւակատիք* Vorabend des Festes vom Himmel
auf die Erde hernieder (EZ. II. 185). Sie verweilen in der
Nähe der Gräber oder in den Wohnungen ihrer Verwandten. Man soll ihr Andenken an diesem Vorabende
mit Weihrauch und Kerzen feiern. Der Weihrauch und
die Lichter gelten als Darbringungen an die Seelen (SGG.
S. 344). Der Wohlgeruch des Weihrauchs ist den Seelen
angenehm, weil im Paradiese auch der *ձառ խնկենի* „Weihrauchbaum" wächst.

Man verehrt die Seelen überall in Armenien auch am
Vorabend anderer Feste und jeden Samstag abend (EZ. I.
318). Man verbrennt für sie zu Hause gewöhnlich auf dem
Herde Weihrauch und betet dabei für sie, oder man ent-
zündet auf einem Teller Feuer, setzt Weihrauch darauf
und trägt es im Hause umher, in alle Ecken, in den Stall.
überallhin, wo man glaubt, dass *անցելոց Հոգիք* die „Seelen

---

[1]) Geiger, Ostiran. Kultur S. 298.

der Vergangenen" sich aufhalten. Ein anderer Brauch besteht in der Unterhaltung des *Մեռլի Շրահ* „Lichtes des Verstorbenen" die Nacht hindurch, auf dass die Verstorbenen des Hauses in dasselbe eintreten können. Finden sie das Haus dunkel, so speien sie durch das Dachfenster hinein und entfernen sich fluchend. An solchen Abenden trinkt man im Dunkeln kein Wasser, weil man glaubt, es dadurch den durstigen Manen zu entziehen (EZ. I. 318).

Am feierlichsten werden die Manen auf dem Friedhofe am *Մեռելոց* Totentage verehrt, da sie am liebsten in der Nähe ihrer Gräber verweilen. Man fühlt sich zu dieser Zeit in Wirklichkeit zwischen den Seelen seiner lieben Hingestorbenen, die einen sehen, sich freuen, dass man ihrer noch gedenkt und ihre Gräber vom Priester segnen lässt. Aber um den Seelen der Ahnen noch eine grössere Freude zu bereiten, bringt man Holz und Weihrauch, um ihnen zu räuchern, und lässt am Kopfende eines jeden Grabes Weihrauch brennen.

Drei Tage bleiben die Manen auf der Erde, am dritten Tage fliegen sie, ihre Nachkommen segnend, in den Himmel zurück. Die Seelen aber, deren von Seiten ihrer Verwandten nicht gedacht wurde, verfluchen diese und schweben traurig von dannen (vgl. EZ. II. 185). Aber auch an anderen Tagen besuchen die Seelen ihre Verwandten und erweisen ihnen mancherlei Dienste. Ganz besonders hilfreich sind die Seelen der Väter ihren Söhnen gegenüber. Sie geniessen auch eine besondere Verehrung, ihre Gräber werden für heilig gehalten und man schwört bei ihren Seelen oder Gräbern. *Հորս Հոգին վկայ* „bei der Seele meines Vaters" (wörtlich: Sei die Seele meines Vaters ein Zeuge), *Հորս* oder *պապիս գերեզմանը վկայ* „bei dem Grabe meines Vaters oder Grossvaters", sind gewöhnliche Schwurformeln. Ja, man ruft sogar die Seele der Eltern in der Not um Hülfe an und sie leisten diese.

Manenkultus in der Verbindung mit den Gestirnen. Ähnlich wie bei den Iraniern die Fravaschis mit den Gestirnen identifiziert werden[1]), so werden auch bei den Armeniern die Seelen mit den Gestirnen in nahen Zusammenhang gebracht. Die Gestirne sind „die Lampen der Seelen" (Litt. u. Hist. Zeitsch. 1888. S. 372). Der Glanz eines Sternes ist dem der Seele, der er gehört, ähnlich. Je reiner die Seele ist, desto glänzender ist der Stern (EZ. II. 219). Aber er ist ein Erkennungszeichen nicht nur der sittlichen Beschaffenheit der Seele, sondern auch des Zustandes des Leibes, der Lebenskraft, der von den Iraniern und Armeniern jân genannten niedrigsten der fünf seelischen Kräfte[2]). Wenn ein Held in der Not ist, verfinstert sich auch sein Stern, wenn er mit einem andern kämpft, so kämpft auch sein Stern am Himmel mit demjenigen seines Gegners (David und Mehər, Volksepos. 1889). „Möge dein Stern sich verfinstern oder auslöschen" ist ein gewöhnlicher Fluch, wodurch man den Tod wünscht. „Sein Stern ist untergegangen oder ausgelöscht", d. h. er ist gestorben.

Die glänzendsten Sterne, welche nie fallen, gehören den Gerechten, den Reinen an, welche am Himmel auf den Sternen ihren Sitz haben. Diese Seelen bilden die erste Hauptgruppe. Wie die Fravaschis der Reinen, Männer und Frauen[3]), d. h. Geister der Verstorbenen, mit den Sternen identifiziert und zugleich als Schutzgeister aufgefasst und angerufen werden, so werden auch bei den Armeniern die Fixsterne als Schutzgeister gedacht, den Schutzengeln gleichgestellt und angebetet: „O! ihr kleinen und grossen Sterne, steht uns als Helfer bei, befreit uns mit den Engeln Gabriel und Michael zusammen von allem Übel, bösen Menschen, böser Zeit" (SM. S. 308). Man schwört auch bei den Gestirnen.

---

[1]) Spiegel, Eran. Alt. II. 92. Darmesteter, Orm. et Ahr. S. 129.
[2]) Spiegel, Er. Alt. II. 92.
[3]) Geiger, Ostir. Kultur 290.

Himmel oder Paradies und Hölle. Himmel
und Hölle, diese zwei Gegensätze, stellen sie sich in derselben Weise vor, wie die Iranier. Man fasst den Himmel
als eine Stadt auf, die zuweilen Անգին քաղաք „Unschätz-
bare Stadt" heisst. Der iranische äussere Himmel ist As-
man (der im armenischen Dialekte von Arçax im Sinne
von Himmel, vorkommt), ein aus blauen Steinen auf-
geworfener Wall, welcher zur Abwehr der bösen Geister
dient[1]). Dieser Auffassung entsprechend ist die armenische
Himmelsstadt rings herum von hohen Steinmauern umgeben, die mit ehernen Thoren versehen sind. An den
Thoren sind Dornen befestigt, damit das „Böse Auge" und
alle bösen Geister vertrieben und am Eintreten verhindert
würden. Die Himmelsstadt selbst stellt sich als ein լոյս
տաճար „lichter Tempel", oder ein strahlender Palast dar, der
aus Sonnensteinen gebaut und mit erhabenen Gewölben
ausgestattet ist. Er ist ein „Unsterblichkeitsort und -Haus".
Alles ist Licht und Glanz, Herrlichkeit darin. Keine Finsternis und auch keine Kälte giebt es dort.

Von diesem Himmelsgebäude aus dehnt sich weiterhin
das „Unsterblichkeitsparadies oder Lichtparadies" aus; dort
sind verschiedene Bäume und Blumen, welche immer blühen
und անմահական անոյշ հոտ բուրեն „wohlriechenden Un-
sterblichkeitsduft" ausströmen. Der Lieblingsbaum der
Seele ist aber der „Weihrauchbaum". Es blühen dort
անթառամ ծաղիկ „Unverwelkliche Blumen". Rosen und
Dornrosen, aber auch andere Blumen und Fruchtbäume
fehlen nicht. Unter den Bäumen sprudelt der կաթնաղբիւր
„Milchbrunnen" der auch „Unsterblichkeitsbrunnen" heisst.

In diesem Lichtparadiese wohnen die Engel und die
Seligen, die selbst Engel geworden sind. Sie tragen auf
dem Kopfe unverwelkliche Lichtkränze und sitzen auf
Sonnenstühlen vor einem gedeckten Tische, der voll der

---

[1]) Geiger, ostr. Kultur 305.

köstlichen աՆււշակ կերսակււր[1]). schmackhaften Speisen, oder
in altarmenischem Sinne, unvergänglicher Speisen, ἀμβροσία
und անմաՀական պտուղներ unvergänglicher Früchte ist. Die
Seligen kosten die Früchte und schlürfen das Wasser des
Unsterblichkeits-Milchbrunnens. Gesichts-, Geruchs- und
Geschmackssinne haben also keinen Grund zur Unzufrieden-
heit. Aber auch das Gehör braucht nicht des Vergnügens
zu entbehren bei dem Klange der Chöre, die die Seligen
und Engel Gott beständig darbringen, der im Lichttempel
auf dem goldenen Throne mitten in strahlenden Lichtern
sitzt[2]) (vgl. SMII. 39. SM. 90. SGG. 319). Das ist die Belohnung, welche die Gerechten gleich nach ihrem Tode für

---

[1]) Siehe Hübschmann, Arm. Gramm. I. S. 99 als persische Lehnwörter անոյշ anois, anušak, wohlriechend, schmackhaft, անււշակ
Anušak, unvergänglich, unsterblich, ewig. անււշակ կերսակււր unvergängliche Speise, ἀμβροσία. Von {Յանձնապատռււծ' sind hinzuzufügen:
անււշակ ձաււք, անււշակ պարյեււք unvergängliche Herrlichkeit,
Ruhm, unvergängliche Geschenke (im Jenseits, im Paradiese). Im Neuarmenischen bedeutet անււշակ anušak nur wohlriechend, schmackhaft.
aber das Wort անմաՀական unsterblich, unvergänglich wird sehr oft
im Sinne von անոյշ wohlriechend, schmackhaft gebraucht, besonders
wenn eine alte mythische Auffassung zu Grunde liegt, z. B. անմաՀական,
անմաՀււթեան ջււր „unsterbliches Wasser" ist gleich անոյշ ջււր,
„schmackhaftes Wasser"; անմաՀական, անմաՀււթեան Հււտ „unvergänglicher Geruch" ist gleich անոյշ Հււտ, բււրււմն անււշից „Wohlgeruch". անմաՀական Հււտ „unvergänglicher Geruch, Wohlgeruch" bedeutet zugleich դրախտնեււական oder աււբայււթեան Հււտ „paradiesischer Geruch". So soll wohl im Altarmenischen բււրււմն անււշից
„Wohlgeruch" auch „paradiesischer Geruch" bedeuten, denn անոյշք bedeutet im Altarmenischen Paradies. z. B. bei Eznik (S. 210): կէ ան ի
փււււււ եււ կէ ան յանապդանն, եււ մէ թեքին յանոյս եււ մէււս
թեքին ի դժււխս „die eine Hälfte in der Herrlichkeit und die andere
Hälfte in der Verächtlichkeit, und der eine Teil im Paradiese, der andere Teil in der Hölle". Also muss auch von den alten Armeniern das
Paradies als ein wohlriechender Ort aufgefasst worden sein.
[2]) Vgl. Geiger, Ostiran. Kultur. S. 277.

ihre guten Werke bekommen. Aber es giebt auch eine andere Art von Vergeltung, die der Sündigen in der Hölle. Das Paradies liegt an einem grossen bodenlosen Meere[1]), welches dasselbe von der Erde trennt. Vor den Himmelsthoren fliesst der feurige Strom vorbei, worüber die Brücke Mazē führt. An der anderen Seite des Feuerstromes liegt dem Himmel gegenüber die Hölle, der abscheulichste ewig finstere Ort. Wie der alte]] անդարանետւք անդնդոց „die Unterwelt der Abgründe“, ist auch die Hölle ein Abgrund unter der Erde. Sie ist in sieben Stockwerke geteilt und umschliesst als ein starker Kerker die bösen schwarzen Geister und die schuldigen, übelriechenden (EZ. I. 317) Seelen, welche gleich nach dem Tode den Händen unzähliger Teufel ausgeliefert sind. Überall wird in T'onirs oder in Herden Feuer angemacht, daher hat sich dort ein dicker fast mit der Hand zu greifender schwarzer Rauch gebildet, der die Qual der Finsternis noch erhöht. Trotzdem kann man bei dem Scheine des Feuers sehen, wie die armen Seelen, Eisenschuhe an den Füssen und den Mund voller Würmer, gemartert werden. Hier schlägt sie ein Teufel mit einer Bleipeitsche, dort glüht der andere Eisenstangen und verbrennt ihnen die Seiten, ein dritter reisst ihnen mit Zangen das Fleisch ab. Andere Seelen werden bis zum Halse in grosse, bis zum Rande gefüllte Theerkessel gesetzt und gekocht. Der siebenköpfige feurige Drache öffnet seinen gewaltigen Rachen, um die Seele zu verschlingen. Er haucht Feuer aus und versengt die Seelen, die vor ihm entsetzt fliehen. Aber der einzige Weg, der sich ihnen darbietet, ist die Brücke Mazē über dem Feuerstrome zwischen dem Paradiese und der Hölle. Kaum je-

---

[1]) Vgl. die Geschichte des Wardan Wardap. Ausg. von Venedig 1862. S. 10. Bevor die Menschen den Turm von Babel bauen, gehen sie aus, das Paradies zu suchen. եւ իբրև չոգան զջատ աւուրս, և աշա ձով լայնախիստ անշպախսեալ էր զնա յերկրէ „Als sie mehrere Tage gingen, da sahen sie, dass sie ein weit ausgedehntes Meer dasselbe von der Erde getrennt hatte.“

doch haben sie dieselbe betreten, so zerreisst sie unter der Last ihrer Sünden und sie fallen in den Feuerstrom. Dann werden sie aufs neue gequält, bis endlich Gott sich ihrer erbarmt und sie erleuchtet (SM. 89. EZ. I. 319. II. 186). Diese armenischen Vorstellungen von Himmel und Hölle sind in der Hauptsache wohl christlich, auch muhammedanische Einflüsse sind nicht abzuleugnen. Indessen ist einiges entschieden älter, da mit den alten Lehnwörtern դժոխք „Hölle", անեղծ „unvergänglich" (im Jenseits) u. a. auch der Glaube an die Hölle, Paradies u. a. von den Iraniern bei den Armeniern Aufnahme gefunden hat. Vgl. auch die grosse Rolle der Brücke Mazē.

III.
Licht und Finsternis.

Nachtmütter. Die nächtliche Finsternis wird als eine Wirkung der bösen Geister, der Hölle selbst, aufgefasst, und das Tageslicht als eine der guten himmlischen Wesen, oder des lichten Paradieses.

Als Personifizierung der Finsternis treten die schwarzen Nachtmütter auf (SM. S. 87). Sie sind alte Hexen mit schwarzen Schlangen in der Hand. Sie sind in Feindschaft mit der Sonne und verfolgen diese schon seit Anfang der Welt, vermögen sie aber nie zu erreichen. Abends steigen sie unter den Bergen in „unsere Welt" herauf, um die Sonne zu greifen, aber sie ist bereits untergegangen. Da geben sie einmal ihren Atem von sich, und die Finsternis umfasst alles oder „fällt hinab" und deckt die ganze Welt. Nun laufen die erwähnten alten Weiber in Scharen umher und dringen in Gebirge, Wälder, Flecken, Städte, Dörfer, Häuser und überallhin ein in der Meinung, die Sonne habe

dort ihr Versteck. Da sie sie jedoch nicht finden, so
steigen sie durch zerfallene Mühlen, ausgetrocknete Brunnen,
die ihr gewöhnlicher Weg zum Auf- und Abstieg sind, in
die Unterwelt und suchen dort die Sonne. Aber kaum sind
sie hinab gestiegen, so strahlt die Morgenröte im Osten
und die Sonne kommt aus der Unterwelt herauf.

Die Nachtmütter sind die Mütter der Finsternis und
zugleich des Bösen und des Verderbens. Wenn sie einmal
das „Sonnenantlitz" gesehen haben, so wird kein Mensch
auf der Erde lebendig bleiben, weil sie dann alles mit ihren
Schlangen, d. h. mit Finsternis erfüllen und verderben würden. Aber glücklicherweise sehen sie nie die Sonne, senden daher nur die dem Menschen schädliche „Nachtbösen".

Nachtböse. Als eine Versinnbildlichung des finsteren
Bösen treten zunächst die Schlangen auf, wie Ahriman
selbst unter der Gestalt einer Schlange gedacht wird. Die
Welt verfinsternd, bedeckt er sie mit seinen Tieren, „de
bêtes mordantes, venimeuses, de serpents, de scorpions, de
karva, de grenouilles, de sorte qu'il n'y eut pas un espace
de la grandeur d'une pointe d'aiguille qui restât vide de
Kharvaçtar"[1]). Diese ahriman'schen Tiere, zu welchen auch
die Ameisen gehören, sind Verdoppelungen der Schlangen[2]).
Wir finden sie alle im heutigen armenischen Volksglauben
als boshafte Nachttiere, welche mit den Schlangen oder
allein, besonders in der Nacht den Menschen verfolgen.
Sogar die Ameisen und Frösche machen keine Ausnahme.
Sehr wenige Leute wagen einen Frosch zu berühren, der
als ein unreines Tier gilt. Man erschrickt, wenn man ihn
in der Nacht und in der Abenddämmerung sieht. In einem
Hochzeitsliede, in welchem der heilige Erleuchter angerufen wird, den Bräutigam zu segnen, ist der Frosch der
Schlange gleichgesetzt (SGG. S. 339):

---

[1]) Darmesteter, Orm. et Ahr. p. 116 aus dem Bundehesh.
[2]) Darmesteter, Orm. et Ahr. p. 281.

„Wer war der, den man in die Grube setzte
Und auf den man Schlangen und Frösche warf."

Er gilt auch als krankheitverursachender Dämon, lässt
auf den Händen զորանուկ (Fröschchen) Warzen entstehen
(EZ. II. 243), daher darf man ihn nicht mit einem Stein
erschlagen (AU. S. 107), sondern muss bei seinem Erscheinen besonders in der Nacht nur auf die Hände und
Füsse speien (EZ. II. 243), wodurch man gegen jegliche
böse Einwirkungen der Dämonen sich zu schützen glaubt.
Er lässt auch die Zähne ausfallen (EZ. I. 362), indem er
sie zählt, daher soll man den Mund gleich schliessen, sobald man am Tage einen Frosch sieht. Dieselbe Wirkung
auf die Zähne schreibt man in Astapat ähnlicher Weise
auch den Eidechsen zu. Die Ameise ist nicht so gefährlich
wie der Frosch, aber auch sie heisst zuweilen „Teufel" und
ist die Ursache der մրջիւնք „Ameischen" genannten Haut-
krankheit. Eine andere führt den Namen: օձիկ „Schlange"
(AU. 95). Mit diesen bösen Tieren sendet die Nacht in die
Häuser auch noch andere giftige und schädliche Tiere:
den Wolf, den Skorpion und alle stachelbewaffneten Tiere[1]);
aber auch Diebe und Räuber, Gespenster (EZ. I. 370) und
andere Dämonen und das „mitternächtliche Meer", d. h. das
Nachtdunkel, das in seiner Gesamtheit, wie bei den alten
Indern[2]) als ein Meer gedacht wird, das die Menschen über-
schwemmen kann. Alle Thätigkeit wird nach dem Sonnen-
untergang gelähmt, da man sich bei jedem Schritte ängstigt
in dem Glauben, dass die bösen Dämonen überall, in der
Luft, im Wasser, auf der Erde anwesend seien. Am Tage
sind die Bösen unter der Erde, daher darf man nicht
kochend heisses Wasser auf den Boden giessen, weil es
unter die Erde sinkt und die Füsse der Kinder der bösen

---

[1]) Vgl. die Geschichte des Eliše Wardapet. Ausg. von Venedig 1859.
S. 40. Nach dem Unterrichte der Magier soll man nicht Biber, Füchse
und Hasen töten, wohl aber Schlangen, Eidechsen, Frösche, Ameisen
und alle Arten Gewürm vertilgen.

[2]) Hillebrandt, Varuna u. Mitra, Breslau 1877. S. 27.

Geister verbrennt. Am Abend aber giesst der abergläubige Armenier überhaupt kein Wasser auf die Erde, denn die Bösen sind überall auf der Erde anwesend (HB. 65. EZ. I. 326). Die einen gehen spazieren, die anderen sitzen zu Tisch, halten Gelage, sodass sie durch das Ausschütten von Wasser möglicherweise belästigt werden könnten. Sie würden sich dann rächen (HB. 65. EZ. II. 145). Man darf auch in der Nacht nicht mit einem Stocke den Boden schlagen, das Haus kehren oder den Stall ausmisten, weil man unbewusst die bösen Geister treffen könnte. Ist man aber gezwungen in der Nacht zu kehren, so versengt man, um vorher die Bösen zu verscheuchen, die Spitze des Besens. Man darf nicht in der Nacht mit unbedecktem Kopfe ausgehen, denn die Bösen würden darauf schlagen. Es ist auch gefährlich im Dunkel von einem Gefässe besonders aus einem Bache oder Flusse Wasser zu trinken, denn die dort anwesenden Bösen schlagen oder fahren mit dem Wasser in den Menschen hinein (vgl. EZ. I. 326). Deshalb soll man beim Trinken ein Messer mit drei Klingen oder ein Stück Eisen ins Wasser halten. Die böse Einwirkung der Nachtdämonen erstreckt sich auf nutzbare Gegenstände, daher verleiht man nach dem Sonnenuntergange kein Salz (AU. S. 101) und kein Feuer und schwenkt nicht das Tischtuch aus (EZ. II. 360), weil dadurch das Salz seinen Geschmack verliert und der Wohlstand des Hauses verloren geht.

Der Schlaf selbst[1]) wird für etwas böses gehalten. Das Schlafbett wird als ein Todesgrab und der Schlaf als ein Tod gedacht, der dem Menschen nicht nur den Leib sondern auch die Seele fesselt. (LD. S. I, II, 7. I, 9. VII.) Man glaubt sogar an einen schwarzen Schlafdämon, den man աչքերի պարոն (TT. 78) „Herr der Augen" oder Մրափ „den schweren Schlaf" nennt. Seine Anwesenheit bewirkt den Schlaf. Beim Einschlafen sinkt man in Mraps Schoss.

---

1) Vergl. Spiegel, Eran. Alth. III. 691.

Gebete als Abwehr- und Heilmittel. Es giebt
im Volksmunde verschiedene „Gebete" die den Charakter
von Zaubersprüchen haben und die gegen die bösen Einflüsse der Nachtdämonen gerichtet sind [1]). Der Glaube an
die Kraft des „Gebetes" d. i. des Wortes im Kampfe gegen
die bösen Geister ist bis heute sehr verbreitet bei den Armeniern. Die Rezitation eines Gebetes oder einiger Zeilen
desselben, die meist sehr entstellt und ohne Verständnis
hergesagt werden, verscheucht schon die Bösen. Die
Wiederholung der Gebete vergrössert ihre Kraft und hat
eine stärkende Wirkung auch für den Zustand der Seele im
Jenseits. So wird z. B. am Ende der Gebete hinzugefügt:

„Wer es sagt, der soll es freiwillig sagen,

„Und seiner Sünden wird beim Gerichte nicht gedacht", (LD. 8)

oder:

„Wer dies (Gebet) dreimal hersagt,

„dessen Sünden werden beim Gerichte nicht erwähnt",

aus meiner Sammlung)

oder auch:

„Der wird das göttliche Licht besitzen".

Diese Gebete werden morgens früh beim Waschen und
Ankleiden und dann am Abend vor dem zu Bette gehen
gesagt. Man betet auch bei verschiedenen Vorkommnissen
und schlägt beim Gähnen und Niesen ein Kreuz, da man
glaubt, dass die Bösen hineinfahren würden (EZ. I. 326)
oder diese Vorgänge die Einwirkung der Bösen seien, wie
es auch Eznik (§ 176) schreibt: „Nicht von einem Dev
wird auf der Zunge oder im Schlund ein Reiz erzeugt,
noch ein Ohrensausen, noch ein Gähnen und Ausrecken".
Die Gebete bei dem Zahn- und Nägelbegräbnis haben wir
später zu erwähnen. Es giebt auch andere sehr altertümliche Gebete oder Zaubersprüche — da es schwer ist vom
Gebete einen Zauberspruch zu unterscheiden — welche
gegen schädigende dämonische Wirkungen gerichtet sind,
gegen verschiedene Krankheiten: գորտնուկ Warzen (Frösche)

---

[1]) Vgl. Spiegel F. A. III. 697f. Geiger Ostiran. Kult. § 250.

(NM. VI. 146), *մրջմւկ* „Ameischen" (LD. 6. V.), *թալւկ*
oder *գետնի կալււկ* (HB. 76), die von den Bösen des Bodens
verursacht werden, so auch gegen *աչ լց ̅շատ* „Staar" (LD.
4. II.), Fieber u. a. sowie gegen Wölfe, Schlangen und
Skorpionen, gegen das „Böse Auge" (Bösen Blick) und die
bösen Dämonen Alen. Wir werden später auf einige von
diesen Zaubersprüchen zurückkommen, hier sollen die
Gebete gegen die Einwirkungen der Nachtdämonen Platz
finden.

Abendgebete und Hausbeschützer. Man sagt
zunächst einige Gebete beim Schliessen der Thüre in dem
Glauben, kraft derselben würde das Haus von Eisen und
die Haussäulen von Stahl. Zwei Schutzgeister, welche
allerdings unter christlichen Namen auftreten, bewachen
die Thüre und das Dachfenster mit Schild und Schwert.
Ein solcherweise beschütztes Haus wird mit dem himmlischen Tempel oder dem Paradiese verglichen, worin
Christus oder Maria übernachtet:

„Unser Haus ist das Haus des Herrn,
„Die Mauern sind alle von Eisen,
„Die Säulen sind alle von Stahl,
„Christus (oder ein anderer) steht an der Thüre Wache,
„Sein Schwert ist der Riegel.
„Der heilige Chan (oder ein anderer) steht am Dachfenster,
„Sein Schild deckt das Fenster.
„Wer an die Thüre kommt, der muss umkehren,
„Wer an das Fenster kommt, der muss zu Eisen werden.
„O Maria! was machst auch Du da?...
„Ich habe ein Messer mit drei Nägeln.
„Der eine ist für den falschen Satan,
„Der andere für den Wolf, das Raubtier,
„Der dritte zur Verscheuchung aller Bösen."

(Vgl. LD. S. 11f. I. II. III. SGG. 341. Sch. V. 77.)

Schlafgebete und Buhlgeister. Das „wahre
Licht". Das *ճրագ* Kerzen- oder Feuerlicht ist ein heiliger
Gegenstand, den man beim Schwure nennt, und hat die-
selbe verscheuchende Wirkung auf die Dämonen wie das

Sonnenlicht. Daher muss man beim Auslöschen dieses Lichtes besondere Gebete hersagen, um die Wirksamkeit der im Hause sich befindenden Bösen zu lähmen:

„Das Licht ist ausgelöscht,
„Der Böse ist verscheucht:
„Es kamen vom Himmel drei Engel herab,
„Der eine für meine Seele,
„Der andere für mein Leben,
„Und der dritte soll alle Bösen verscheuchen,
„Die auf mich kommen" (LD. S. 9. IX. SGG. 341).

Die Bösen, die den Schlafenden am Leibe schädigen, sind die * uuyklfk* „Maren", die flüsternd sich auf die Schlafenden setzen und sie erwürgen oder quälen. Es giebt aber auch Böse. die den Schlafenden an ihrer Seele schädigen, indem sie ihnen die Lippen küssen, um mit ihnen buhlen. Männliche Buhlgeister sind die abscheulichen *wµ* Alen, auf die wir noch zurückkommen werden. Hier wollen wir einiges über die weiblichen Dämonen schreiben, die im Schlafe mit Männern vertrauten Umgang haben. Wir wissen nicht, ob sie mit einem besonderen Namen bezeichnet werden. Das Wort *qpnιʃ* wird vom alten Wörterbuch (AAG 218) als *qʁι ʃ'ιuuʃιu* „Dämon des Schadens, des Vergehens" erklärt. Dies zeigt, dass es bei den Armeniern auch einen Glauben an Dämonen, die Druž heissen, gegeben hat. Leider wissen wir nicht, ob dieses Wort in dieser Bedeutung sonst auch vorkommt. Im jetzigen Volksglauben finden wir aber diese weiblichen Unholdinnen, die dem iranischen Drujas entsprechen. Ja sogar ist der Glaube an sie so gross, dass alle bösen Geister, die unter verschiedenen Namen: Böse, Dev, K'ajre u. a. auftreten, stellenweise nur weiblichen Geschlechts sind (NM. VII. 25). Mitunter haben sie auch Kinder. „Selon le Vendidâd, l'homme qui pendant la nuit se souille involontairement, devient par cela même incube de la Drug, démon fémelle du mal et de l'impureté"[1]). Denselben Glauben

---

[1] Darmesteter. Orm. et Ahr. p. 256 f. 288 f.

findet man auch bei den Armeniern. „Sie bekommen ihre Kinder von den Menschen. Sie betrügen den Mann im Schlafe, zeugen mit ihm ihre Kinder, aber alle diese sind wieder weiblichen Geschlechts" (NM. VII. 29). Dieser nächtliche Betrug heisst աստանախարութիւն „Satansbetrug". Das Wort Satan hat gewiss den alten Namen դրուժ verdrängt. Diesen Glauben haben die Armenier schon im 5. Jahrhundert. Um nachzuweisen, dass es keine Gattungen von Dämonen giebt, schreibt Eznik (§ 178): „Mehrere Male betrügt (der Dev) die Männer im Traume, indem er weibliche Gestalt annimmt und auch zuweilen sich in männliche Gestalt verwandelnd die Weiber sich vergehen lässt". Bis heute gelten erotische Träume als grosse Sünde, „Verlust der Seele", daher werden in den Abendgebeten besondere Schutzgeister angerufen, welche den Schlafenden. auf seinen Schultern oder vor ihm sitzend, beschützen. Mit ihnen erscheint gewöhnlich auch Maria oder Christus. Die erstere ist die eigentliche Herrscherin über die Bösen und hat das Beiwort շարխափան „die Verscheucherin der Bösen". Sie sorgt zugleich für den Schlaf.

„Das Licht ist ausgelöscht,
„Der Böse ist verscheucht:
„Maria (oder Christus), den Schleier vor dem Gesichte
„Die Engel (oder zwei Engel) um sie herum
„Stieg vom Himmel herab
„Trat in die Christenhäuser ein.
„Mein Herr, wo gehst du hin?

Maria (oder Christus) antwortet unter anderem:

„Ich habe ein loderndes Feuer,
„Ich habe ein flammendes Weihrauchfass;
„Jeder Faden desselben ist von Licht" (LD. 7).

Maria vertritt mit diesen ihren feurigen flammenden Strahlen das ausgelöschte Licht. Daher heisst sie (oder Christus) in Schlafgebeten selbst ճրագ ճշմարիտ „wahres Licht". Man ruft sie an:

„O Mutter des Herrn, beschütze mich! . . .
„Es komme nicht von der Wand der Böse auf mich,

„Nicht der „Lippenküsser" Buhlgeist) auf meinem Mund.

„Da ging ich in meiner Mutter Schoss ins Grab.

„Du sollst mich einschläfern, du mich erwecken.

„Meine arme Seele durch die finstre Nacht ins Morgenlicht führen".

(LD. S. 8. II.)

Schlafblume und -Geister. Die Blume *անթառամ* wird als ein Abwehrmittel gegen die buhlerischen Nacht-geister gebraucht. Wenn man keine solche Blume hat, betet man[1]) zu dem „wahren Lichte", es möge mit Elias‘ Paradiesschlüssel die kupferne Thüre des Paradieses öffnen und die Blume *անթառամ* pflücken, um sie unter das Kopf-kissen zu legen. In anderen Gebeten heisst es: Christus setzt sich auf das Pferd und reitet zur *Անգին քաղաք* „un-schätzbaren Stadt" d. h. dem Paradiese, um die Blume *անթառամ* zu pflücken und sie sich beim Schlafe unter das Kopfkissen zu legen. (Vgl. LD. 12. III. 13.)

Ruhiger Schlaf und gute Träume werden aber auch der Einwirkung von *Հրեղեն աղջիկներ* „feurigen Mädchen", zugeschrieben, die unter den Betten und in dunkeln Win-keln wohnen. Sie sorgen für den ruhigen Schlaf der Haus-bewohner, begiessen den Schlafenden mit Schlafmitteln, schliessen ihm die Augenlider, streicheln ihm Stirne, Brust, Herz und Leber und dadurch träumt man gut und fried-lich (SM. S. 88).

Der „Lichtstern". Der Haushahn. Den Anfang des Tageslichtes verkündigt *լույս աստղ*, *լուսոյ աստղ* der „Lichtstern", der Planet Venus, der auch *Արուսեակ* Aruseak heisst. Als Vorläufer oder vielmehr als Vorläuferin der Sonne oder der Morgenröte — Aruseak ist ein Mädchen-name und *Աստղիկ* der Name einer Göttin — heisst sie Lichtbringerin oder Morgenbringerin. Nach einer aber-gläubischen Anschauung (EZ. II. 243) stirbt eine Schlange, die man zerschmettert hat, nicht, bevor sie Aruseak nicht gesehen hat; also tötet nur Aruseak die Nachtschlangen. Gleich nach ihrem Aufgange läutet man *զգու ժամ* „die

---

[1]) In meiner Sammlung von Astapat.

Diebesstunde" und Diebe und Räuber und Devs fangen
schon an sich zu entfernen (SM. S. 40). Man ist nicht mehr
so ängstlich, wie in der Nacht, überall im Hause und im
Felde beginnt ein regsames Leben.

Als ein zweiter Verkünder des Tages gilt der Hahn,
„der Erwecker der Verstorbenen der Nacht" (SM. 319).
Zuerst kräht der himmlische Hahn, und die Engel fangen
darauf im Paradiese ihre Lobgesänge an. Dies hört der
irdische Hahn, weckt die Menschen und preist selbst den
Schöpfer. Er sieht auch alle Morgen, wie sich die Himmels-
pforten öffnen (Litt. u. Hist. Zeitschr. 1888. S. 372). Daher
lässt er noch öfter während des Sonnenaufgangs seine
Stimme ertönen.

In dieser Eigenschaft als Erwecker und auch als hei-
liges Opfertier geniesst er[1]) eine gewisse Achtung, ja ihm
wird sogar die Kraft zugeschrieben, mit seinem Rufe die
bösen Krankheitsgeister zu verscheuchen. Er sieht die
Schutzengel, die zur Zeit, während der Mensch schläft,
sich zum Himmel begeben und gegen Morgen zurückkommen, und grüsst sie mit seinem Rufe. (Vgl. EZ. II.
242.) Er sieht auch den Hogēaï (EZ. I. 359) und alle bösen
Geister (EZ. I. 275. 329).

Morgenröte. Während von einer Verehrung des
Morgensterns nichts bekannt ist, geniesst die Morgenröte
eine solche. Man schwört bei dem բարի լոյս „guten Morgenlicht" und առաւօտուայ սուրբ ճագր bei der „heiligen Morgenröte".

Man betet auch zu der Morgenröte wie zu einer Gottheit. „Strahle, o du strahlende Morgenröte, lass das gute
Morgenlicht über alle Notdürftigen, über alle Fremdlinge
und ihretwegen auch über uns aufgehen". Oder: „O, mit
Tau benetzte Morgenröte, bringe uns einen guten Tag
und ein günstiges Geschick" (SM. S. 108).

Dies sind gewöhnliche Gebete, die man jeden Morgen

---

[1]) Vgl. Geiger, Ostir. Kult. 366 f.

bei der Morgenröte hersagt, indem man dabei ein Kreuz
schlägt. Der Osten heisst im armenischen auch *աղոթարան*
„Gebetgegend", da man sich beim Beten nach Osten wendet.
Dies Wort bedeutet zugleich Morgenröte und die Zeit derselben, denn das Volk betet gewöhnlich frühmorgens und
wendet sich in seinen Gebeten mehr an die Morgenröte
als an die Sonne.

Die Auffassung der Morgenröte als einer Jungfrau ist
ganz gewöhnlich. Die indische „Ushas, die Morgenröte
ist yuvatih, das junge Mädchen, arepasà tauvâ mit flecken-
losem Körper"[1]). *Ուրբ կոյս անապատ*, die „fleckenlose
heilige Jungfrau", ist im armenischen Volksglauben die
Personifikation der Morgenröte. Sie erscheint als Licht-
göttin und heisst in Morgengebeten so wie in anderen
(SGG. 343) ganz einfach *լոյս* „Licht" oder *Ուրբ լոյս* „hei-
liges Licht". Sie heisst auch *Ա արդալոյս* „Rosenjungfrau"
(LD. 3. I). Sie ist „mit Leib und Seele" ein „fleckenloses
Licht", breitet das feurige Meer am Himmel aus, oder
stellt bei der Morgenröte Bogen aus Licht her. Sie ist
aber selbst dieser Bogen des Lichts, sie ist selbst als Licht-
bogen ausgespannt, sie selbst ist das purpurne feurige
Meer, welches der Betende anruft (LD. 12. I.).

Die Morgenröte vernichtet die Nachtbösen.

> „Das Licht verbreitete sich und erfüllte alles,
> „Und Devs und Dämonen wurden von ihm verfolgt".

Sie, die Bewohnerin des Himmels, besiegt täglich
Շհուրբ, die „Traurige", d. h. die Hölle, die Herrscherin der
Nacht, befreit die Menschen von dem „Todesgrabe" und
den Nachtfesseln und bringt ihnen Leben, Freude und
Wissen.

> „Vom Lichte wurde es hell . . .
> „Die Paradiesthore öffneten sich,
> „Die Thore der Hölle wurden zerstört,
> „Und meine gebundene Seele wurde entfesselt" (LD. S. 7. I).

---

[1]) M. Müller, Wissensch. d. Sprache, II. S. 594.

In einem anderen Gebete (in meiner Samml.) heisst es:

„Vom Erleuchter wurde es Licht,
„Jedes Dorf erfreute sich,
„Maria sass am heiligen Altare,
„Die göttlichen Worte auf den Lippen.
„Wer dies Gebet dreimal sagt,
„Dessen Sünden wird beim Gerichte nicht gedacht".

Das Licht bedeutet im armenischen ganz geläufig Freude. Man gratuliert bei der Hochzeit, glücklichen Geburt u. dergl. folgenderweise: *աշխր լոյս* „Licht sei in Deinem Auge" oder „Dein Auge sei im Lichte" d. h. ich wünsche Dir Freude. Der Beglückwünschte antwortet: *լուսի կենաս*: „Mögest du im Lichte (in Freude) bleiben". Das Licht wird auch in der Bedeutung von Wissen gebraucht, und die Finsternis im Sinne von Unwissenheit. Die Jungfrau, die die Schlafenden mit ihrem Morgenlichte erweckt, giebt also den Menschen ganz besonderes Wissen, wie die indische Uśas nicht nur die Finsternis vertreibt, sondern dieselbe „Göttin, welche die Leute erweckte . . . (wurde) als die Göttin aufgefasst, die den Menschen das Wissen brachte"[1]. Morgens früh vor dem Sonnenaufgang ruft der Armenier die Morgenröte an, in der, wie er glaubt, die Jungfrau sitzt:

„Mutter Gottes, die du als Bogen stehst,
„Um deines einzigen Sohnes willen
„Nimm mein Wissen und verwert' es,
„Gieb mir dafür dein Wissen.
„Mutter Gottes, lichter Bogen,
„Die du mir das feurige Meer bist, . . .
„Erleuchte mich durch deinen lichten Gedanken
„Und wende mich von meinen Sünden" (LD. S. 12. I).

Es heisst auch in einem andern Gebete:

„Es werde Licht! das Licht ist das Gute!
„Der Himmel ist ein feuriges Meer.
„Die heilige Jungfrau sitzt an dem heiligen Altare,
„Das Gotteswort ist auf ihren Lippen.

---

[1] M. Müller, Wiss. d. Spr. II. 594.

„Heil dir Maria! Du bist eine Jungfrau,
„Du bist mit Leib und Seele Licht.
[Variante: „Du bist das Himmelsgewölbe,
„Du hast einen goldenen Gürtel.]
„Ich habe meine Seele für dich bewahrt,
„Gieb mir die Macht.
„Viel Gutes zu thun,
„Mögest du meine Seele ins Reich führen"
(vgl. die Varianten HB. 77. LD. S. 7. I. 8. IV).

Man will also in dem täglichen Thun und Lassen durch
die Rosenjungfrau geleitet werden, um die ewige Seligkeit
zu verdienen. Dieser Gedanke an das Leben im Jenseits
ist sehr natürlich, wenn man einmal weiss, dass das Seelengericht bei der Morgenröte gehalten wird.

Sonne. Sonne und Mond sind im armenischen Volksglauben personifizierte verehrte Wesen. Man segnet und
schwört in ihrem Namen und betet zu ihnen. Die Sonne
ist aber ursprünglich als ein lichter Stein[1]) aufgefasst, wie
das zusammengesetzte Wort արեգակն Sonne (von արեգ
Sonne und ակն Stein, Edelstein) zeigt. An diese Vorstellung klingt der landläufige Ausdruck ակն ու արեգակն
„Edelstein und Sonne", an, womit man die lichte Schönheit
mythischer „feuriger Mädchen" kennzeichnet.

Ganz lebendig ist aber die Auffassung der Sonne als
eines Rades[2]). „Der Sonnenkörper hat die Form des Wasser-
mühlrades; er dreht sich um und bewegt sich vorwärts.
Wie vom Mühlrade das Wasser sprudelt, so werden auch
Lichtstrahlen von den Speichen des Sonnenrades aus-
gesandt" (SMH. 109). Es ist ein alter Glaube, der sich bei
Eznik (S. 217) findet, dass die Zauberer Sonne, Mond und
Sterne herabziehen können. In dem Berichte über eine
solche Zauberei kommt die Sonne feurig und rund wie ein
Wagenrad herab (SM. S. 126).

Häufiger ist die Sonne ein Jüngling, der auch eine
leichte, gutherzige, zuweilen aber auch boshafte Mutter

---

[1]) Vgl. Schwartz, Urspr. d. Myth. 27 f.
[2]) Vgl. Kuhn, Herabkunft des Feuers 45 f.

hat, mit deren Sohnes Sonne (Leben) Himmel und Erde beleuchtet werden. Sie wohnt im Sonnenpalaste, der sich im Osten am Ende der Welt befindet, wo es weder weisse noch schwarze Menschen giebt, noch Vögel erscheinen. Um dorthin zu gehen, soll man eiserne Schuhe anziehen und einen eisernen Stock in die Hand nehmen. Wo die Schuhe abgenützt und der Stock zerbrochen ist, da ist schon das Sonnenschloss. Es sind zwölf Gehöfte hintereinander. Sie sind von blauem Marmor gebaut und mit Gewölben ausgestattet. Es giebt dort weder Baum noch Rasen, noch Vögel noch andere Geschöpfe. Eine grosse Stille herrscht dort am Tage, wenn die Sonne auf ihrer täglichen Reise ist. Millionen von Sternen ruhen dort. Ihre Ruhe wird nur von den Springbrunnen gestört, die mitten in jedem Hofe springen. Auf dem Brunnen des Mittelhofes ist ein goldener Kiosk gebaut. Bei ihm ist ein Perlenbett aufgeschlagen, an dessem Rande die Königin Sonnenmutter in Lichtern sitzt und ihren Sohn erwartet. Da kehrt er flammend von seiner täglichen Reise ermüdet in sein Schloss zurück. Die Sterne stehen auf und begrüssen ihn und begeben sich selbst auf das Himmelsgewölbe. Der Sonnenheld badet in frischem Wasser, die Mutter umarmt ihr Kind und zieht es aus dem Wasser heraus, legt es zu Bett in ihren Schoss und säugt den ewig jungen Sonnenheld. Er ruht sich aus, um am folgenden Tage Morgens früh wieder seinen Lauf zu beginnen (SGG. 258f. EZ. II. 217).

Nach dieser Auffassung der Sonnenbahn, sagt man bei den Armeniern nicht die Sonne geht unter, sondern nur: արեւր մայր է մտնում „die Sonne geht zur Mutter hinein“, und von dem Sonnenaufgange heisst es zuweilen: արեւր մօր ծոցէն էլաւ „die Sonne kommt aus dem Mutterschoss heraus“. Man schwört am Abend: „Bei jener ermüdeten Sonne“ (TT. S. 198).

Dieselbe Auffassung findet sich auch bei den slavischen Völkern, die von der Sonne sagen, dass sie Abends in ihr

Bad geht oder ihrer Mutter, d. h. der See, in die Arme
sinkt[1]). Bei den Armeniern hat die Sonne gewöhnlich die
Abendröte (zuweilen die Morgenröte) zu ihrer Mutter.
Auch die Auffassung der See, in welcher die Sonne
Abends ruht, als Sonnenmutter, ist ihnen nicht fremd
(EZ. I. 348), aber da Armenien nicht am Meere liegt,
so lässt man die Sonne gewöhnlich in einem Wasser-
becken bei der Mutter baden. In der Gegend von Van
erzählt man von der Sonne, dass sie Abends in den
Vansee „zur Mutter hineingehe", sich im See bade, um
gereinigt von der Tagesreise auszuruhen. Ihr Bett, glaubt
man, sei auf dem Grunde des Sees und ruhe auf Schaum,
und schneeweisse und rosenrote Wolken seien die Vor-
hänge des Sonnenbettes (SMH. S. 107). Vor dem Sonnenaufgang kleiden die Engel die Sonne mit feurigen Kleidern
und bringen das Bett in Ordnung. Wenn die Sonne das
Gesicht wäscht, werden die Berge und Thäler vom Tau
des Wassers bespritzt. Die Vögel werden aus dem Schlafe
aufgerüttelt und fangen an zu zwitschern. Aus dem hohen
Berge im Osten treten zuerst die zwölf Leibwachen des
Sonnenkönigs heraus, schlagen mit ihren strahlenden
Lichtruten auf den Berg, dieser beugt mit allen andern
Bergen den Kopf vor dem Sonnenkönige. Der letztere
zeigt dann plötzlich sein goldenes Haupt von feurigem
Haar umrahmt, begrüsst die ganze Natur und besteigt das
Himmelsgewölbe (SMH. S. 109).

In diesem Augenblicke des Sonnenaufgangs wurde
schon seit dem Altertume die Sonne verehrt, und auch
heute pflegt man stellenweise niederzuknieen und zu beten:
„O! du göttlich strahlende Sonne! Dein Fuss ruhe auf
meinem Antlitz! Bewahre meine Kinder" u. s. w. (EZ. II.
216). Das ist ein Ueberrest der alten Sonnenverehrung,
die Moses von Choren II. 7 7 neben dem Mondkultus mit
Bezug auf die alten Armenier erwähnt.

[1]) M. Müller, Essays, II, 72. Schwartz, Poet. Nat. I. 31.

Die Sonnenmutter, insbesondere die Sonne, verleihen den Mädchen Schönheit. Die Mutter erscheint oft in Sagen und Märchen. Sie hat ein goldenes Gewand, ihre Augen glänzen wie die Sonnenstrahlen. Sie verleiht in einer Sage (Ałbiur, 1883. N. 1) bei der Abendröte einem Mädchen Schönheit und ein von Sonnenstrahlen gewobenes und mit Edelsteinen geschmücktes Gewand. Sie segnet das Mädchen und sagt dann: „Ich will jetzt fort, mein Sohn erwartet mich". Sie verschwindet und die Sonne geht zur Mutter hinein. Die Sonne wird für die vollendete Schönheit gehalten. Ein schönes Mädchen wird immer mit der Sonne verglichen. Diese kann aber jederzeit die Mädchen mit Schönheit ausstatten, daher bitten sie die Mädchen um Schönheit, indem sie einen Kultus üben, der darin besteht, dass sie die Blätter eines wilden Apfelbaumes zerschneiden und in Blätter von շևքարի einhüllen. Diese werden in der Nacht vor die Sterne gelegt und am folgenden Tage vor dem Sonnenaufgange zum Färben der Hände verwandt. Dann werden die Hände den Strahlen der aufgehenden Sonne entgegen gehalten unter dem Rufe:

„Sonne, Sonne, nimm dir Henna, gieb mir Glanz,
„Auf dass ich in Leos Viertel komme" (d. h. mich verheirate).

(Litt. u. Hist. Zeitschr. 1888. 372.)

Die Nachtmütter mit ihren Schlangen als Sonnenverfolgerinnen sind schon erwähnt. Die Armenier haben auch den bei vielen alten und neuen Völkern der Welt verbreiteten Glauben, dass bei der Finsternis die Sonne und der Mond mit Dämonen, ganz besonders mit dem „grossen Drachen" kämpfen, der sie verschlingen will. Da man glaubt, dass dies das Weltende bedeute, so entsteht heillose Furcht. Um die Dämonen zu verscheuchen, veranstaltet man einen grossen Lärm mittels an einander geschlagener kupferner Gefässe, wie Pfannen, Kessel u. dergl. Man läutet die Kirchenglocken solange, bis die Sonne oder der Mond mit Hilfe der Menschen ihre Feinde besiegen.

Das Lärmen mit solchen Gefässen gilt auch im gewöhnlichen Leben als den bösen Geistern widrig: Man glaubt, dass sie nach dem Lärm sich versammeln, um seine Urheber zu bestrafen.

Der Anfall auf die Sonne im Gewitter wird später geschildert werden. Hier sei der Inhalt von zwei Sonnensagen erwähnt. Die eine berichtet, ein Jäger namens Ｕｐｈｌｕｄｗｂｍｌ, Sonnenknabe, traf drei Tage lang kein Wild. Zornig darüber wollte er bei Sonnenaufgang die „Sonnenstirn" mit seinem Pfeile treffen, um sie vom Himmel herabzustürzen. Sobald er aber bei Sonnenaufgang den Pfeil in die Hand nimmt, erblickt er plötzlich das Antlitz der Sonne. Er erhält einen flammenden Streich auf Gesicht und Auge. Die feurige Hand der Sonne ergreift ihn bei den Haaren und schleudert ihn in ein wüstes Land. Dort muss er durch den Fluch der Sonne totliegen, damit er das Sonnenlicht nicht sehe, und nur nachts leben. Um ihren Sohn zu retten, reist die Mutter des Jägers nach Westen zur gutherzigen Königin Sonnenmutter, die ihr als Heilmittel Wasser von dem Sonnenbrunnen giebt, in welchem der Sonnenheld eben gebadet hat (SGG. S. 256 f.). Die andere Sage lautet: Ein Knabe bittet die untergehende Sonne: „Liebe Sonne, warte ein wenig, bis meine Mutter meinen Strumpf fertig strickt, damit ich ihn anziehen kann, und gehe dann zu deiner Mutter hinein". Der Sonnenknabe wartet und als er später als gewöhnlich nach Hause kommt, fragt die Mutter, die hier als ein boshaftes Weib erscheint, warum er sich verspätet habe, und verflucht den Knaben, der ihren Sohn aufgehalten hat, er solle am Tage tot liegen und nur nachts leben, seine Mutter aber den Strumpf nie beenden. Die Sonnenmutter verwandelt auch die Menschen mit ihrem Fluche in Stein (EZ. II. 218).

Mond und Sonne. Die Sonne und der Mond sind Geschwister, die Sonne ist der Bruder und der Mond die Schwester. Die Schwester, glaubt man, ging früher mit dem Bruder zusammen auf und unter, aber weil sie sehr schön war, wurde sie durch den bösen Blick behext und bekam die Blattern. Nach diesem Falle bat sie den Bruder, demjenigen, der ihn ansehen würde, die Augen auszustechen, um sich vor dem bösen Blicke zu schützen und zugleich die Schwester zu rächen (Litt. u. Hist. Zeitschr. 1888. S. 372). Das thut er auch, deshalb kann man die Sonne nicht ansehen. Aus Scham geht die Schwester nur in der Nacht über den Himmel, wenn die ganze Erde schläft und niemand ihr Gesicht sehen kann. Aber weil manche in der Nacht auch nicht schlafen, so deckt sie das Gesicht häufig mit einem Wolkenschleier zu. Die Königin Mond geht nicht allein: Tausende von Jungfrauen-Gestirnen sind ihre Gefährtinnen und Dienerinnen (SMII. S. 107). Da die Sprache kein grammatisches Geschlecht hat, so ist zuweilen die Sonne die Schwester und der Mond der Bruder. Alsdann wird die obige Sage folgender Weise gefasst: Die Sonne, als Mädchen, scheute sich des Nachts auszugehen, des Tages aber schämte sie sich vor den Leuten. Daher wählte der Bruder für sich die Nacht und liess der Schwester den Tag, auch gab er ihr eine handvoll Nähnadeln, um denjenigen die Augen auszustechen, die sie anzusehen wünschten (Ałbiur. 1887. N. 5—6). Seit dieser Zeit reitet die Sonne auf einem Löwen, der sie mit einem grossen Schwerte in der Tatze vor den bösen Geistern schützt[1]) (EZ. I. 348. II. 217). Der Bruder aber geht in der Nacht aus. Das Gesicht der Schwester sieht man nicht, wohl aber das des Bruders: Man bezeichnet die dunklen Flecken im Vollmond als Mund, Nase und Augen des Mondes. Die Flecken pflegt man aber auch dadurch zu erklären (EZ. II. 218), dass einmal die Mutter beim Kneten des Teiges, auf den Sohn erzürnt, diesen mit der Hand ins Gesicht geschlagen habe. Dies habe die Spuren des Teiges auf seinem Gesichte hinterlassen.

---

[1]) Dieser Löwe, der iranischen Ursprungs zu sein scheint, hat bei den Armeniern keine Verbreitung gefunden.

Die Sonne und der Mond werden zuweilen nicht als Geschwister gedacht, sondern als Geliebte. Wenn sie auf ihrer Bahn einander begegnen, fällt der Knabe Mond in Ohnmacht und verfinstert sich. Er hat einen Schlauch voll Blut um den Hals; er wirft ihn zuweilen auf den Hals der Sonne, wodurch sie erlischt (EZ. II. 342).

Mond. Man erklärt das Zunehmen und Abnehmen des Mondes dadurch, dass der Mond jeden Monat wie ein neugeborenes Kind aufwächst. Als Vollmond ist er erwachsen, dann aber wird er alt und kleiner, bis er endlich als weisshaariger Greis ins Paradies zur Mutter eingeht und sich dort wieder erneut. Dann kehrt er als neugeborener Knabe zurück. Daher heisst der erste Tag des ersten Viertels Mondesgeburt.

Die Verehrung des Mondes ist mehr verbreitet als die der Sonne. Man betet gewöhnlich[1]) nur zum Neumonde. Wenn man ihn zum ersten mal sieht, schlägt man ein Kreuz und wünscht gleich eine für glücklich gehaltene Person anzublicken, um den ganzen Monat Glück zu haben. Man schaut auch auf eine Geldmünze oder auf ein Goldstück und glaubt, dass der Mond Gold geben würde. Manche knieen vor der Mondsichel nieder und beten zu ihr: „O du, von der Mutter neugeborener Mond! Dein Fuss ruhe auf meinem Antlitz. Bewache meine Kinder u. s. w. (SM. 105. EZ. II. 216).

Von den in Versen niedergeschriebenen Gebeten seien hier drei angeführt. Das eine lautet:

„Lieber Mond, bleibe stehn,
„Ich bin auf das Gesicht zu deinen Füssen gefallen,
„Du bist gelb (Buch), gelb[2])
„Auf dem Apostelmeere.

---

1) Vgl. Spiegel, EA. III. 691.

2) Diese Zeile ist entstellt und unverständlich. Sie lautet: * դու դեղին, գիրք դեղին* „Du (bist) gelb, Buch gelb". Das Wort „Buch" hat hier

„Du gingst als weisshaariger Greis dahin
„Und kamst als junger König zurück.
„Ich möchte dir, junges Leben, mich opfern.
„Was berichtest du vom Paradiese?
„Verleih den Seelen meines Vaters und meiner Mutter das
Reich!
„Vergieb meine Sünden!
„Mache das Brod billiger und den Tod teurer,
„Und bringe der Welt den Frieden.“

Das andere Gebet (TT. S. 16) ist folgendes:

„Neumond, sei gnadenvoll!
„Ich bin ein Sünder, du ein König.
„Gieb mir Gelingen im Werke, das ich betreibe,
„Und meinem Körper Kraft, wenn ich es beende.“

Der Neumond gilt auch als heilbringend. Er als eine
Lichtgottheit heilt z. B. die von Fröschen, den Nachtbösen
(vgl. oben) verursachte Warze (AU. S. 106). Man wendet
bei der „Geburt des Mondes“ sein Gesicht zu ihm, nimmt
Erde, legt sie auf die Warze und betet (NM. VI. S. 146):

„Neumond! Neumond! neuer König!
„Ich bin ein Greis, du bist ein König.
„Was hast du für einen Bericht von jener Welt?
„Neumond! Neumond! sieh auf mich,
„Die Warze ist entstanden und isst mich auf,
„Iss du sie auf, damit sie mich nicht esse.“

Nicht immer gilt der Mond als heil- und glückbringend.
In anderen Vierteln ist er manchmal günstig, manchmal

keine Bedeutung. In einem Anrufe zum Monde, den der Aufzeichner
(SGG. S. 242) Gebet nennt, heisst es:

„Lieber Mond, woher kommst du
„Über das Meer vom Vater Abraham?
„Du [bist] gelb, dein Ross ist gelb,
„Dein Bart ist gesprossen, seine Farbe ist gelb.“

Die Beschreibung des Mondes in diesem Anrufe ist fast wörtlich die
des Gebets. Apostel und Abraham haben vermutlich den alten Namen
des Luftmeers vertreten, worüber der Mond schreitet.
Ich gestatte mir an dieser Stelle, Herrn stud. phil. Vancian meinen
Dank für die Handschrift des obigen Gebets abzustatten.

ungünstig. Die gute und böse Eigenschaft der Tage hängt
von ihm ab. Dieser Unterschied der Tage, der *օրաՀմիյ*
„Tageszauber" oder *լուսաՀմիյ* „Mondeszauber" heisst und
nicht spezifisch armenisch ist, hat seit alten Zeiten sich
bei den Armeniern verbreitet. Johann Mandakuni schreibt
in der Rede *վասն Սմիյխյ դիւթական* „Über die Zaubereien
der Schwarzkünstler", dass bestimmte Tage, der Mittwoch
und Sonnabend, oder die bestimmten Tage des Mondes
Unglückstage sind. Statt des Sonnabends hält man jetzt
den Montag für einen Unglückstag. An bösen Tagen fängt
man nichts wichtiges an, wie z. B. Saat, Ernte, Hochzeit,
Reise u. s. w.

Der Mond scheint eine besondere schädliche Wirkung
auf die kleinen Kinder zu haben (EZ. I. 274). Um ein Kind
vor seiner Wirkung zu schützen, zeigt die Mutter ihm den
Mond und sagt: „Dein Onkel, dein Onkel". Zu demselben
Zwecke steigen die Mutter und der Vater des Kindes beim
Neumonde Mittwoch oder Freitag abend auf das Dach.
Der Vater setzt das Kind auf eine Schaufel, giebt es der
Mutter, indem er sagt: „Wenn es deines ist, so nimm es
dir, wenn es aber meins ist, so ziehe es auf und gieb es
mir zurück". Die Mutter nimmt das Kind und die Schaufel
und giebt es auf dieselbe Weise dem Vater zurück.

Die Milchstrasse. Von den Sagen über die Sterne
ist nur diejenige über die Milchstrasse zu erwähnen. Die
alte bekannte Sage berichtet, dass im strengen Winter
Vahagn, der Gott der Armenier, dem Barśam, dem Gotte
der Assyrer, Stroh gestohlen habe, dessen Spuren die Milchstrasse sei. Daher heisst sie „Spuren des Strohdiebes"
(*Վահկայի Շիրակունոյ Մասըորդք բանիղ* Petersb. S. 48).
Jetzt heisst sie der Weg des Strohdiebes oder Strohweg
und ist der Weg zum Himmel. In der heutigen Fassung
der Sage sind Vahagn und Barśam. wie die Namen aller
heidnischen Götter, vergessen, aber der Charakter bleibt
derselbe: „Vor Zeiten hat der Gott anderer Geschöpfe
seine Arbeiter gesandt, um aus der Tenne des Gottes unserer

4

Erde Stroh zu stehlen. Die Engel unseres Gottes haben es
erfahren, mit Bogen auf die Diebe geschossen und sie getötet. Das gestohlene Stroh ist am Himmel umhergestreut
und bleibt bis auf den heutigen Tag" (SMII. S. 108).
In anderen Abarten dieser Sage (EZ. I. S. 349) treten
an die Stelle der Götter Gevatter und Gevatterin. Die
letztere stiehlt das Stroh, aber ihre Schürze hat ein Loch,
durch welches das Stroh hinausfällt und den Strohweg
bedeckt.
Die Milchstrasse wird auch als Himmelsspalte oder
Himmelsnaht erklärt.

IV.
Schicksalsglaube.

Die Gestirne. Der Schicksalsglaube knüpft sich,
wie bei den Iraniern[1]), an den gestirnten Himmel und ist
auch wohl von den Iraniern übernommen oder hat iranische
Einflüsse erfahren. Wir wollen nicht den Glauben an die
zwölf Constellationen und die sieben Planeten, an die den
Iraniern entlehnten ախտաբք und ապախտաբք und deren gute
und böse Einwirkungen erwähnen, da diese Vorstellung im
Volke nicht verbreitet ist.
Das Volk sieht die Sterne als Himmelslampen an, die,
wie es in einem Rätsel (Sch. V. S. 142) ausgedrückt ist,
in dem hohen und breiten, ohne Säulen und Balken gebauten Himmelstempel, als Kronen ohne Stricke hängen
und ohne Öl leuchten. Ein Teil derselben ist gut, der andere böse. Das Himmelsgewölbe dreht sich um[2]), die Sterne
gehen auf und unter. Jedermann kommt unter einem Sterne
auf die Welt.

[1]) Darmesteter, Ormazd et Ahriman. S. 318.
[2]) Vgl. Spiegel, Eran. Alt. II. 13 ff.

Der Stern, unter dem der Mensch bei seiner Geburt
stand, ist auch sein բախտ (Bacht), „Schicksals- oder Glücks-
stern". Ist sein Stern gut, so ist er glücklich, ist sein Stern
böse, so ist er unglücklich. Man sagt auch oft: Er ist
աստղով mit Stern, d. h. glücklich. Nicht nur das Glück,
Reichtum und Armut, sondern auch Tod, Ruhm, Stärke,
Weisheit, alles Gute und Böse ist von dem Sterne abhängig. Ein Stern giebt zuweilen auch einem anderen Weisheit, oder die Kraft der Wahrsagung. Ein Hirte z. B. (EZ.
I. 438) trinkt das in einer Grube angesammelte Wasser,
und vernimmt im Traum, dass er heilig geworden sei, da
er das Wasser getrunken habe, in das der Stern gestrahlt
habe. Er bekommt dadurch die Gabe der Wahrsagung.

Himmelsrad. Im jetzigen muhamedanischen Persien
ist das Schicksal mit Čarkh, dem Himmelsrad und Telek,
dem Planetenhimmel im Zusammenhange[1]). Das armenische
բախտ, „Schicksal, Glück", das ein altes und sehr gebräuch-
liches Wort ist, ist dem Persischen entlehnt[2]), aber in armenischen Dialekten wird jetzt auch Ֆալակ, „Falak" oder
häufiger չարխի Ֆալակ, „Čarchi Falak" im Sinne des Schicksalsrades gebraucht. Es wird gewöhnlich vom Himmel getrennt gedacht. Die Vorstellung desselben findet sich am
besten in einer Sage von Məher (SMH. 134), dem stärksten
der Helden des Volksepos „Sasma Crer", „Die Helden von
Sassun". Er ist mit seinem Pferde in eine Berghöhle in der
Nähe von Van entrückt. Dort sind bei ihm, glaubt man,
alle Schätze der Welt aufgehäuft; dort steht auch Čachri
Falak, das Weltrad oder das Schicksalsrad der Menschen,
das sich immer umdreht und den Menschen ihr Schicksal
verteilt. Məher sieht fortwährend das Rad an. Wenn es
stille steht, tritt er aus der Höhle heraus und zerstört die
Welt. Die Thüre der Höhle, ein thürähnlicher, mit Keil-
schriften bedeckter Stein, ist das ganze Jahr geschlossen.

---

[1]) Darmesteter, Ormazd et Ahriman 321.
[2]) Hübschmann, Armen. Gramm. I. 115.

Einmal nur im Jahre, in der Nacht der Himmelfahrt Christi, wird sie auf eine Minute aufgemacht. Wer diese Minute wahrnimmt, und in die Höhle eintritt, der kann Geld nehmen, soviel er will. Diese Vorstellung des Schicksalsrades ist — nicht immer begrifflich vom Himmel getrennt und mit Maher verbunden — ziemlich verbreitet.

Zeit. Das Bacht, „Schicksal", ist also bei den Armeniern mit der Umdrehung des Himmelsrades verbunden. Aber „ce mouvement n'est autre chose que le mouvement du Temps"[1]. Daher ist die Vorstellung des Schicksals bei den Iraniern mit der der Zeit verbunden. Eznik (S. 113 f.) schreibt über den iranischen Zrvan: „Es war jemand des Namens Zrvan, das Schicksal oder Ruhm [oder gutes Geschick] übersetzt wird". Minokhiret schreibt: „Toutes les choses du monde vont par le Destin, par le Temps, par le décret suprême du Temps subsistant de lui-même"[2]. Auch im armenischen Volksglauben wird die Zeit zuweilen als die stärkste und Verursacherin aller Dinge gedacht. So heisst es z. B. in einem Sprichworte (NM. VII. 82): „Alles hängt von der Zeit ab, die Zeit aber hängt von nichts ab". Dies ist fast dasselbe, was Minokhiret über die Zeit schreibt, Der armenische ժուկ „Žuk" oder ժուկ ու ժամանակ[3], „die Zeit", ist nicht wie die iranische Zrvan der Zeuger des lichten Ormazd und des finsteren Ahriman, sie regiert aber als eine höchste Macht den regelmässigen Lauf des Tageslichtes und der Nachtfinsternis: Die Drehung des gestirnten Himmels. Sie hat, wie Zrvan[4]), die Gestalt eines weisshaarigen Greises (Albiur, 1887, N. 5—6), der auf einem

---

[1]) Darmesteter, Orm. et Ahr. p. 318.

[2]) Darmesteter, Ormazd et Ahriman, p. 318.

[3]) ժամանակ ist dem Persischen entlehnt (Hübschann, Arm. Gramm. I. 156). ժուկ wird selten allein, gewöhnlich mit ժամանակ im Anfange der Märchen gebraucht, z. B. ժուկով oder ժուկով ու ժամանակով կար . . . „vor Zeiten war . . ." Sonst bedeutet auch ժուկ oder ժուկ ու ժամանակ die mythische Auffassung der Zeit.

[4]) Spiegel, Eran. Alt. II. 9.

hohen Berge sitzt. Der Berg wird in den Sagen immer an Stelle des Himmels gesetzt. Der *Juk* hat in seiner Hand zwei Knäuel, von denen der eine weiss, der andere schwarz ist. Sie sind die Sinnbilder des Tages und des Tageshimmels und der Nacht und des Nachthimmels. Er rollt der Reihe nach den einen oder den anderen Knäuel den Berg hinunter. Von einer Seite des Berges rollt er den einen hinab, während er von der anderen Seite desselben den anderen Knäuel heraufwickelt und den weissen abwickelnd hinunterrollt, so tagt es und die Sonne geht auf. Wenn er aber den weissen Knäuel heraufwickelt und den schwarzen abwickelnd hinunterrollt, so wird es dunkel. die Sonne geht unter.

Diese Vorstellung der Zeit kommt auch in armenischen Märchen vor. Es ist ein beliebtes Motiv zur Verlängerung des Tages oder öfters der Nacht, in welcher der Held seine vielen Thaten zu vollbringen hat, ihn zu Žuk zu schicken. „Da ging er," heisst es in einem Märchen (SGG. 151), „und begegnete einem weisshaarigen Greise. Er sass auf dem Gipfel des Berges und wickelte in seiner Hand einen schwarzen Knäuel auf. Ein grosser weisser Knäuel lag daneben. Er näherte sich ihm und fragte: „Wer bist du? Was für einen Knäuel hast du da?" — „Ich bin, mein Sohn," antwortete der Alte, „der Žuk und Žamanak, 'die Zeit'. Wickle ich schwarz auf. ist es Nacht, wickle ich weiss auf, ist es Tag." — Da sah der kleine Mirza, dass der schwarze Knäuel fast zu Ende war, stürzte auf den Greis zu, raubte den Knäuel und rollte ihn den Berg hinunter mit den Worten: „Fange wieder an zu wickeln, lass die Nacht sich verlängern, ich habe noch vieles zu thun."''

Schicksalsbestimmungen. Bei der Geburt des Menschen werden die Hauptereignisse seines Lebens von Gott oder Bacht (Schicksal) im Himmel oder auf einem hohen Berge ausgesprochen und von Groł (Schreiber) auf seine Stirne geschrieben. Die Bestimmung heisst Ճակատագիր, „das auf die Stirne Geschriebene", oder Հրամանք, „Schicksalsbefehl". Der Glaube ist sehr alt und findet sich schon

bei Eznik im Zusammenhange mit dem Glauben an die
Sterne als Schicksalsbestimmer des Menschen (Eznik S. 153 ff.
158. 161). Die Striche, die man auf dem Schädel sieht,
gelten als die Schrift des Schicksals, die dem Menschen un-
lesbar ist. Die Aussprüche des Schicksals sind unabänder-
lich. Die Hauptbestimmungen desselben sind: 1) der Tod,
d. h. wann und wie der Mensch sterben soll. Die Rechnung
der Tage seines Lebens wird im Himmel oder auf dem
Berge, wo die Schicksalsbestimmung ausgesprochen wird,
folgendermassen gemacht: Jedermann hat dort seinen Topf,
in welchen jedes Jahr ein Tropfen Wasser fällt. Wenn der
Topf gefüllt ist, so sind auch seine Lebenstage erfüllt und
er stirbt (EZ. II. 178). Nach einer anderen Fassung werden
die Lebenstöpfe bei der Geburt des Menschen mit Säge-
spähnen gefüllt, sie leeren sich allmählig, bis nichts mehr
darin bleibt und der Mensch stirbt. Daher der Ausdruck:
„Seine Sägespähne sind noch nicht entleert“, d. h. sein
Ende ist noch nicht gekommen (EZ. I. 309. 369).

2) Die Heirat, d. h. wann und wen der Mensch
heiraten soll.

An diese zwei Bestimmungen des Schicksals wird fest
geglaubt. Wenn jemand auf der Reise von Räubern getötet
wird (AU. S. 103), oder im Flusse ertrinkt, oder gewalt-
samerweise plötzlich stirbt, da gedenkt man gleich des
Schicksals und sagt: „Das war auf seine Stirn geschrieben“.
Wenn eine junge Frau mit ihrer Heirat, die sie, nach dem
Willen der Eltern geschlossen hat, unzufrieden ist, so
singt sie:

„Was soll ich meinem Vater und meiner Mutter sagen?
„Das war auf meine Stirn geschrieben.“

Man erzählt einige Sagen, in denen der Versuch, den
Willen des Schicksals, nachdem man ihn erfahren, zu än-
dern, missglückte.

Der Bacht. Das Schicksal, d. h. der gestirnte Himmel,
von dessen Umdrehung (der Zeit) alles abhängig ist, wird

fast auf dieselbe Weise personificiert, wie die Zeit, oder der
christliche Gott. Er ist ein weisshaariger und weissbärtiger
alter Mann, der im Osten im Himmel oder auf einem hohen
Berge auf einem goldenen Stuhl sitzt, zuweilen mit einem
jungen Mann, der sein Grol, Schreiber, ist. Der Bacht
befiehlt oder spricht seine Bestimmungen aus und der
Grol schreibt sie in sein Buch. Jedermann hat jedoch auch
einen von Gott oder dem Schicksal gesandten besonderen
Glücksgeist, Bacht, von dem hauptsächlich sein Glück und
Unglück abhängt. Der erste, den Tod und die Heirat be-
stimmende Bacht, das Schicksal oder Gott, entspricht dem
ganzen gestirnten Himmel, und diese besonderen Bacht-
geister entsprechen den einzelnen Sternen.

Der einzelne Bacht erscheint unter verschiedenen Gestalten, als ein junger (EZ. I. 364) oder alter Mann. Der-
jenige, bei dem er wohnt, ist glücklich: alles gelingt ihm,
und er wird immer reicher. Wenn er ihn aber verlässt, so
wird er arm. Daher bemüht man sich immer, ihn nicht zu
beleidigen. Jede Familie oder Geschlecht hat ihren Bacht.
„Wenn man das Haus nicht bewacht, zankt, oder es nicht
rein hält, nicht rechtzeitig Licht anzündet, und keinen
Weihrauch brennt, so verlässt das Glück das Haus" (HB.
S. 66). Hierin zeigt sich die Ähnlichkeit zwischen den
Glücksgeistern und den Manen. Wie diese schweifen die
Bachte in der Nacht herum, und treten in die Häuser, wo
Kerzen brennen. Drei Nächte hindurch brennt nach einer Sage
(TT. S. 372) in keinem Hause eine Kerze, ausser in einem,
das unglücklich war. „Da tritt ein alter Mann um Mitter-
nacht ins Haus und setzt sich auf den Divan. Die junge
Frau eines Haussohnes geht zu ihm, begrüsst ihn und fragt:
„Wo warst du, dass du nicht zu uns kamst? Du hattest
uns vergessen." Sie wäscht seine Füsse ab, bringt ihm
Abendbrot zu essen, macht das Bett, fordert ihn auf zur
Ruhe zu gehen. Den anderen Morgen aber sieht sie, dass
niemand im Bette war." Der Bacht bleibt in diesem Hause,
so lange die junge Frau im Hause ist, die durch das Kerzen-

brennen ihn ins Haus eingeladen hatte. Entfernt sie sich,
so begleitet er sie.

Der Bacht erscheint auch oft im Hause, man sieht ihn
im Stalle in weissen Kleidern (HB. 66), auf der Weide, das
Vieh bewachend (EZ. I. 364). Mitunter klopft er an die
Thüre und tritt ein u. s. w. Wird er beleidigt, so geht er
zu einer anderen verwandten Familie, auf den Berg, oder
ins Feld und bleibt dort. In Sagen geht man oft ins Gebirge, seinen Bacht zu suchen, um ihn einzuladen. Zuweilen
stellt man sich auch alle einzelnen Glücksgeister bei dem
Schicksal versammelt vor.

Um den Bacht einzuladen, vollzieht man verschiedene
Gebräuche, an manchen Orten beim Jahresschluss oder Jahres-
anfang, an anderen im Frühjahr, oder in der Mitte der Fastenzeit. In dieser Zeit werden besondere Kuchen gebacken
und zwar in Formen, die Menschen oder Tiere vorstellen.
Man versucht auf verschiedene Weise das Glück und Unglück des kommenden Jahres zu erforschen (HB. S. 70).
Am Ende des Jahres schon setzen sich die Mädchen rittlings auf *ակռ.* laufen umher und sagen: „Bacht, der du
auf dem Berge, im Thale bist. komm". Am folgenden Tage
bei Anbruch des Morgens treten die Grossmutter und die
Frauen ihrer Söhne, besondere Bräuche vollziehend, aus
dem Hause, indem sie dabei mit Stäben auf den Boden
klopfen. Sie wenden sich nach dem Osten und sagen:
„Schicksal, bist du im Berge und Thale, komme nach Hause
zurück". Dann treten sie wieder klopfend zurück (EZ. I.
366. II. 248).

V.

Wasser- und Pflanzenkultus.

Der Wasser- und Pflanzenkultus ist bei den Indogermanen gewöhnlich verbunden. Bei den Iraniern z. B. werden die Amesha Çpenta Haurvatāt und Ameretāt immer zusammen erwähnt. Haurvatāt, „Ganzheit, Gesundheit", ist ein Wassergenius, der den Menschen Gesundheit verleiht und sie gegen die Krankheiten schützt. Der Amesha Çpenta Ameretāt, „Unsterblichkeit", ist ein Pflanzengenius, Beschützer der Futterkräuter, der den Menschen langes Leben, Unsterblichkeit verleiht, und sie gegen den Tod schützt[1]). Solcher Weise werden auch bei den Armeniern das Wasser und die Pflanzen, eigentlich die Bäume, zusammenverehrt.

Quellenkultus. Über den Wasserkultus bei den alten Armeniern ist fast nichts bekannt. Nur wird eine gewisse Quelle der Bruder des verehrten Feuers genannt (AAG. S. 45). Daraus könnte man schliessen, dass auch die Quelle verehrt wurde. Im heutigen Volksglauben sind die fliessenden Wasser heilig, man darf sie nicht misshandeln, verachten, hineinspeien u. s. w. Auch einen Überrest eines alten Quellenkultus kann man fast überall in Armenien finden. Manche Quellen werden solcher Weise verehrt, wie die christlichen heiligen Stätten. Man zündet Sonn- und Feiertags vor ihnen Kerzen an, brennt Weihrauch, opfert Hähne und betet zu ihnen. Die neuvermählte junge Frau bringt der verehrten Quelle Weizen dar, wenn sie zum ersten mal nach ihrer Hochzeit die Quelle aufsucht, um Wasser zu holen. Man vollzieht auch andere zauberische Handlungen, man wirft z. B. beim Vorübergehen oder beim

---

[1]) Spiegel, Eran. Alt. II. 39. Darmesteter, Haurvatāt et Ameretāt, p. 30 ff.

Trinken neben die Quelle einen Stein, oder nimmt von dort
einen Stein mit, im Glauben, dass, wenn man es nicht thue,
ein Verwandter sterben müsse (EZ. II. S. 196).
Auch bei den Armeniern ist die Quellen-Verehrung mit
dem Glauben verbunden, dass die Quellen Gesundheit verleihen. Einige verehrte Quellen werden für heilbringend
gegen alle Krankheiten gehalten, andere nur gegen bestimmte Krankheiten, besonders Fieber und gewisse Hautkrankheiten. Der Kranke bezeigt zunächst in gewöhnlicher
Weise der Quelle seine Verehrung, begräbt sodann in der
Quelle zwei Eier als Darbringung und zwei Nägel, vermutlich als Abwehrmittel, und badet sich schliesslich in der
Quelle. Wenn der Kranke nicht zu der Quelle gehen kann,
so holt man für ihn Wasser aus derselben, nachdem man
der Quelle die schuldige Verehrung erwiesen hat. Die
Wasserschöpfer dürfen aber bei der Rückkehr sich nicht
umsehen, noch das Gefäss auf den Boden niedersetzen.
Die meisten verehrten Quellen sind entweder Mineral-
quellen oder mit dem Namen irgend eines Heiligen belegt.
Der Ursprung vieler Quellen wird auch den Heiligen zugeschrieben. Aber es giebt auch Quellen, die keinen christlichen Anklang haben, sie sind dennoch Milch- oder Licht-
brunnen und werden verehrt. Man glaubt auch, dass auf
einige solche Quellen vom Himmel Licht herabkomme
(SMH. S. 11. EZ. II. 196 f.).

Baumkultus. In den Gegenden Armeniens, wo das
Land mit Wäldern bedeckt ist, werden viele sehr alte und
grosse Bäume für heilig gehalten und ähnlicher Weise wie
die Quellen verehrt. Man brennt vor ihnen Lichter, Weihrauch, opfert ihnen Hähne und Hammel, küsst sie, kriecht
durch ihren gespaltenen Stamm durch, oder lässt magere
Kinder durch ihre Löcher schlüpfen, um die Einwirkung
der bösen Geister aufzuheben. Man glaubt[1]), dass vom

---

[1]) Vgl. Darmesteter. Haurvatāt et Ameretāt, p. 66.

Himmel Lichter auf die heiligen Bäume kommen, oder Heilige sich auf denselben aufhalten. Auch die Bäume geben Gesundheit, einige heilen alle Krankheiten, andere nur bestimmte, insbesondere Fieber. Um von Bäumen Heilung zu bekommen, soll man ein Stück von seiner Kleidung abreissen und damit den Baum umwickeln oder es auf den Baum nageln. Man glaubt dadurch seine Krankheit auf den Baum zu übertragen. Das thut man gewöhnlich jedesmal, wenn man sich in heiligen Quellen badet. Wenn es aber bei den Quellen keinen Baum giebt, so bindet man ein Stück von seinem Kleide um einen Stein und lässt diesen bei der Quelle liegen. Oft lässt man, wenn man an dem heiligen Baum vorübergeht, seinen Stock da, um damit seine Krankheit loszuwerden (EZ. II. 200). Man bestreicht auch mit dem von solchen Bäumen entnommenen Safte die kranke Haut. Wenn sie vertrocknen, werden sie noch weiter verehrt und das faule Holz als Arznei gebraucht.

Die Bäume und Quellen sind auch für das Vieh heilbringend: Man lässt drei Mal das kranke Vieh um den heiligen Baum gehen, zerbricht den Stock und lässt ihn am Baume liegen (EZ. II. 198 f.).

Die Quellen und Blumen geben sogar Unsterblichkeit, aber nicht den Menschen. Man glaubt nämlich, dass die Schlangen, wenn sie nicht getötet werden, ewig leben. Es giebt „Unsterblichkeitsbrunnen", deren Quelle mit verschiedenen Blumen und Kräutern umgeben ist. Die alten, kranken und verwundeten Schlangen kennen solche Quellen und Kräuter. Sie kommen zu diesen Quellen, wechseln ihre Haut, essen ein Blatt von einer Blume, kriechen sodann an die Quelle, baden sich darin und trinken drei Schluck Wasser. Dann kriechen sie wieder heraus und sind geheilt und verjüngt. Wenn man diese Quelle und die Blume kennt, vom Wasser drei handvoll trinkt, und die Blume isst, so wird man selbst unsterblich (SMH. S. 37. 86).

In der Ethn. Zeitschr. II. 198 f. sind sieben und dreissig

verschiedenartige Bäume oder Gruppen von Bäumen auf-
geführt, welche im Gau von Varanda als heilig gehalten
sind. Aber bei den meisten dieser Bäume sind auch Kreuz-
steine und andere heilige Stätten erwähnt, oder die Bäume
selbst tragen Namen wie „Apfelbaumkreuz", „Goldenes
Kreuz", „Grünes Kreuz". Obgleich diese Namen keine besondere Bedeutung haben, da das Wort խաչ „Kreuz" die
Bedeutung einer heiligen Stätte hat, so seien sie hier doch
als christliche vorausgesetzt. Es bleiben aber eilf, von
denen anzunehmen ist, dass sie heidnischen Ursprungs sind.
Dies ist eine grosse Zahl für einen Gau und zeigt deutlich, wie stark der heidnische Baumkultus bei den Armeniern
noch fortlebt.

Man hält es für sündhaft, die heiligen Bäume zu fällen,
oder ihnen die Äste abzubrechen. Die Bäume sind, glaubt
man, selbst mit Kraft begabt, die Frevler mit Krankheit
zu bestrafen. Die Strafe geht zuweilen auf die ganze Familie des Frevlers über.

Die Beseelung der Pflanzen, die eine allgemeine mensch-
liche Vorstellung ist, findet sich natürlich auch bei den
Armeniern. Der Baum wird oft wie ein Mensch behandelt
und angesprochen. z. B. am Palmsonntag der ծաղկազարդ
„Blumenschmuck, Blüte" und beim Volke ծառզարդար „Baum-
schmuck" heisst, schlägt der Bauer mit seiner Axt den
Baum, der keine Früchte trägt, und sagt: „Willst du keine
Früchte tragen, so fälle ich dich."

Als der König der Pflanzen gilt լոշտակ „Bryania Alba"
(AAG. S. 73), die nicht nur ein beseeltes Wesen ist, sondern auch menschenähnlich. Die Beeren und Wurzeln von
Loštak gelten als eine Wünschelrute, welche Weisheit und
Macht über die Menschen und Raubtiere giebt. Sie heilen
auch verschiedene Krankheiten und vertreiben die bösen
Geister. Daher sucht man überall von dieser Pflanze etwas
zu besitzen. Man sammelt sie nur im Monat Mai. Man
spricht beim Sammeln bestimmte Gebete. Um den Zorn
der Pflanze über das Entwurzeltwerden zu besänftigen,

bindet man hierbei ein Zicklein oder ein Huhn — ursprünglich vermutlich als ein Opfer — an dieselbe, auf welches die Pflanze ihren Zorn richten soll. Einige andere Pflanzen haben zwar keine Seele und werden auch nicht verehrt, sind aber starke Abwehrmittel gegen die bösen Geister, z. B. die wilde Rose und der Dorn. Man heftet an die Thüre der Häuser, wie bei anderen Völkern, Dornen, um von bösen Einwirkungen frei zu bleiben. Ein besonderes starkes Abwehrmittel gegen den bösen Blick ist der Baum թաղ, „Celtis australis“, den man im Hofe, im Garten u. a. aufpflanzt und der Strauch թանձր, Viburnum Opulus. Man trägt auch ein Stück von letzterem mit anderen Abwehrmitteln bei sich, oder hängt es dem Vieh um den Hals.

Wasser- und Blumenfest. Volksromantik. Der Tag der Himmelfahrt Christi ist ein Wasser- und Blumenfest. An diesem Tage wird auch gewöhnlich gewahrsagt. Die Wasser, glaubt man, schweigen und ruhen eine Minute während der Nacht. Dagegen setzen sich Himmel und Erde, Berge, Steine, Bäume und Blumen in Bewegung, um einander zu begrüssen. Zunächst begrüsst und küsst der Himmel die Erde, dann ein Stern den anderen, ein Berg den anderen, ein Baum den anderen, eine Blume die andere u. s. w. Alle Pflanzen und unbeseelten Sachen bekommen Sprache, fangen an mit einander zu sprechen und sich ihre Geheimnisse mitzuteilen. Wer sich auf den Bergen in Steinspalten versteckt, und während dieser Minute aufpasst, der hört und versteht, was die Blumen und die anderen Pflanzen und Steine sprechen. Sie sagen in dieser Nacht, was für Krankheiten sie und die Quellen heilen. Viele Leute suchen diese Minute abzupassen, aber nur wenigen gelingt es.

Die Wasser haben in dieser Nacht gegen Mitternacht die kräftigste Heilwirkung, daher werfen sich die Leute in die Flüsse und baden. Da die Kinder den Schlaf nicht entbehren können, erwärmt man den folgenden Morgen Wasser, wirft grüne Gräser hinein und badet sie darin (HB. 71).

In dieser zauberischen Minute wird die Thüre der Höhle des Məher aufgemacht. Man kann hineingehen, Məher und sein Ross und das Rad des gestirnten Himmels und das Schicksalsrad sehen und alles Glück. Gold und Reichtum erlangen. Auch die fliessenden Wasser, wenn sie eine Minute stehen bleiben, werden zu Gold, und wenn man einen Gegenstand ins Wasser hält und gleichzeitig wünscht, dass er zu Gold werde, so wird er zu Gold[1]). Die Burschen und Mädchen gehen zu dem Flusse, um in dieser Minute Wasser zu schöpfen. Zaubereien fehlen nicht. Der eine setzt sich rittlings auf ա֊կիշ, die Feuerzange, der andere auf den շամփուր, „lang gestielten Bratspiess" u. A. Diese Bewaffnung mit Eisengeräten ist nötig, weil man, nachdem man Wasser geschöpft hat, hinter sich rufen hört. Wenn man sich dann umsieht, verfällt man der Einwirkung böser Geister. Der älteste nimmt eine Kürbisflasche voll Weizen und Gerste. Gegen Mitternacht schüttet er Weizen und Gerste in den Fluss und sagt: „Ich gebe dir Weizen und Gerste, gieb du mir auch alles Gute!" Darauf füllt er gleich die Kürbisflasche mit Wasser, und sie eilen nach hause, um zu sehen, ob sie nicht Gold geschöpft haben (vgl. EZ. II. 247).

Das „Schicksalsspiel" oder վիճակ das „Los" wird gewöhnlich von jungen Frauen und Mädchen gespielt. Die Mädchen fangen am vorhergehenden Tage ihre Vorbereitungen an. Der Tag heisst Ծաղկամօր տօն, „das Fest der Blumenmutter". Die Mädchen sammeln an diesem Tage auf Gebirgen verschiedene Blumen, unter denen in manchen Gegenden die Blumen Հօրօտ-Հաւրօտ Haurot und Մօրօտ֊Մաւրօտ Maurot sein sollen. Die Namen dieser Blumen lassen sich mit denen des Amesha-Çpentas Haurvatät und Ameretāt vergleichen, deren jedem auch eine Blume geweiht war. Ameretāt ist zugleich der Gott der Gesundheit

---

[1]) In einigen Gegenden ist dieser Glaube schon an die Neujahrsnacht oder an das Tauffest Christi geknüpft (EZ. II. 247).

und der Fülle, des Reichtums[1]). Wahrscheinlich sind auch die armenischen Haurot und Maurot ursprüglich Wasser- und Kräutergenien gewesen. die jetzt als Blumen auftreten. Diese Vermutung wird dadurch unterstützt, dass gerade an diesem Wasser- und Pflanzenfeste das Schicksal um langes Leben, Reichtum u. s. w. gebeten wird. Während einige Mädchen Blumen sammeln, gehen andere von sieben Quellen oder von sieben Flüssen und Brunnen Wasser zu „stehlen". Dies soll im geheimen geschehen. Eine „Diebin" darf nicht die andere sehen, und die Leute dürfen es nicht wissen. Die „Diebinnen" füllen, ohne zu sprechen, ihr Gefäss mit Wasser, werfen einen Stein hinein und kehren gleich zurück. Sie dürfen auf der Rückkehr weder sprechen, noch das Gefäss auf den Boden setzen, noch sich umsehen. Sie bilden sich ein, dass Berge, Thäler, Bäume, Wiesen u. a. hinter ihnen schreien. Wenn man sich umsieht. und diese Stimmen hört. so wird man sofort zu Stein (J. Kostanian, Aus den Legend. u. Volksl. von Sch. S. 73). Der Sinn dieser Handlung, die auch bei dem Holen des heilbringenden Wassers vorkommt, ist am besten in Sagen und Märchen verständlich. Das ist das Holen des „Unsterblichkeits-wassers", dessen Quelle von Unholden, Schlangen und Skorpionen bewacht wird. Der Held schleicht ganz heimlich zu der Quelle, damit die Schlangen u. a. es nicht merken. Er füllt sein Gefäss mit dem Wasser und eilt davon, da die Berge, Bäume u. a. rufen, um die Wächter der Quelle zu benachrichtigen. Diese erwachen und verfolgen den Helden.

Am Abend versammeln sich die „Wasserdiebinnen" und „Blumensammlerinnen" in einem Garten. Sie giessen das Wasser von sieben Quellen in ein Gefäss, das stellenweise Havgir heisst, werfen die sieben Steine und auch Blumen-blätter hinein. Jeder der sein Schicksal erfahren will. wirft dann auch einen Gegenstand hinein als sein Schicksals-

---

[1]) Spiegel, Eran. Alt. II. 39. Darmesteter, Haur. et Amer. p. 21.

zeichen. Diejenigen, welche nicht anwesend sind, schicken
ihre Zeichen, um sie von anderen in den Havgir werfen zu
lassen. Alsdann schmücken die Mädchen das Gefäss mit
Blumen und fertigen das „Los", d. h. sie bekleiden zwei
kreuzförmig zusammengebundene Hölzer als eine Հարս „neuvermählte Braut" und machen eine Puppe, die sie mit
allerlei schmücken, Perlen, Goldstücken u. s. w. verzieren.
Diese Puppe ist das Վիճակ Vičak, „Los", das auf dem
Havgir befestigt wird (Sch. V. S. 86). Sie setzen das Vičak
mit dem Havgir in der Nacht unter die Sterne, damit diese,
die das wirkliche Schicksal sind, darauf einwirken. Einige
Mädchen bewachen es die ganze Nacht gegen die Burschen,
die es zu stehlen suchen.

Alles das geschieht unter Gesang. Der Brauch wurde
im Dorfe Astapat, meiner Heimat, mit dem folgenden Liede
eingeleitet:

„Holt einen grossen Meister,
„Lasset ihn den Hochzeitsrock meines Geliebten zuschneiden;
„Die Sonne sei der Stoff.
„Der Mond diene als Futter.
„Stellt aus Wolken die Einfassung her,
„Wickelt aus dem Meer Seidengarn,
„Befestigt die Sterne in einer Reihe als Knöpfe,
„Näht die ganze Liebe hinein."

(Vgl. die Variante SGG. S. 295.)

Bei jeder dieser Zeilen wurden zwei Zeilen wiederholt,
die nicht ganz verständlich sind. Die erste derselben scheint
aber ein Anruf an die Sterne, die andern an die Knaben
zu sein. Am folgenden Tage, stellenweise nach sieben oder
vierzehn Tagen, versammeln sich die Mädchen und jungen
Frauen am frühen Morgen in einem Garten, an einer Quelle
oder, wenn keine solche in der Nähe des Dorfes ist, an
einem Bache. Sie decken die Quelle, bezw. den Bach mit
Blumen, grünen Zweigen und Blättern zu. und setzen das
Vičak hinein. Wenn alles fertig ist und sie gespeist haben,
nimmt die älteste den Vičak, küsst es und giebt es den an-

deren, die es ebenfalls küssen, und so geht es von Hand zu Hand (Sch. V. S. 87). Zuletzt erhält es ein siebenjähriges Mädchen, das sich in der Mitte niedersetzt und das Vičak mit dem Havgir vor sich hält. Das Mädchen heisst „Braut" und ist die Stellvertreterin des Vičak. Man bedeckt das Mädchen und das Vičak mit einem roten Schleier und singt „Schicksalslieder". Nach jeder Strophe zieht die „Braut" ein „Schicksalszeichen" aus dem Gefässe heraus. Der Inhalt der vorangegangenen Strophe zeigt das Schicksal desjenigen, dem das herausgenommene Zeichen gehört, an[1].

Die Schicksalslieder gehören meistens der vierzeiligen Gattung der Volksdichtung an, die sowohl bei den Armeniern als auch bei anderen Völkern sehr verbreitet ist. Die armenischen Vierzeilen sind der Form und dem Inhalt nach den deutschen Schnaderhüpfeln ähnlich. Den Inhalt der Schicksalslieder aber bilden die zwei Bestimmungen des Schicksals: Die Heirat und das Glück. Unten werden einige solche Lieder angeführt. Nach jeder ersten und dritten Zeile dieser Lieder wird wiederholt:

„Liebe Rose meine, liebe, liebe!"

und nach jeder zweiten und vierten Zeile:

„Liebe Blume meine, liebe, liebe!"

„O selig der Tag, als du geboren wurdest,
„Da erfreuten sich Himmel und Erde,
„Die Sterne klatschten Beifall:
„Welch gute Frucht ist in dir geboren!"

„Da liegt ein Kissen[2] auf dem andern,
„Setze dich bitte darauf;
„So mögen auch die zwölf Sterne aufgehn
„Und alle sich niederlassen zu deinem Glücke!"

---

[1] Vgl. den ganz ähnlichen Brauch bei den Neugriechen in Zeitschr. des Vereins für Volkskunde. 1892 II. „Zur neugriech. Volkskunde, von A. Thumb, III. S. 392 ff. „Der Klidonas".

[2] Die Gäste setzen sich auf Kissen.

„Vom Himmel fiel ein Fingerring herab,
„Er kam und umschloss meinen Finger.
„Ich hielt den Stein darin für einen unechten,
„Mein Schicksal aber zeigte ihn mir als Edelstein."

„Mit dem Schlüssel wurde der Himmel erschlossen,
„Auf flogen die Himmelsthüren,
„Mit goldenen Äpfeln [1]) beladen erschien ein Tisch,
„Und euer Hof erstrahlte im Sonnenglanz."

VI.
Feuerkultus.

Gewöhnliches Feuer. Die Überreste der alten
Feuerverehrung haben sich bis heute im armenischen Volksglauben erhalten. Man schwört bei dem Feuer. Man hält
es stellenweise für sündhaft zu sagen: „Lösche das Feuer
aus", man sagt statt dessen nur: „Segne das Feuer" (EZ.
II. 194). Auch betet man oder nennt den Namen Jesu
Christi, so oft man Feuer oder Licht auszulöschen genötigt
ist. Und zwar darf dies nur durch Bedecken mit Asche
geschehen, während wie bei vielen Völkern [2]) das Begiessen
mit Wasser oder Ausblasen für einen Frevel gehalten wird.
Auch darf man nicht in das Feuer speien, noch es in
anderer Weise verunreinigen, noch darauf treten oder es
überschreiten.

Das Feuer ist noch jetzt ein mächtiges Abwehrmittel.
Es vertreibt alle bösen Geister und schützt die Menschen.
Eine besondere Rolle spielt es in der Nacht; dann sind die
bösen Dämonen überall anwesend, nur nicht im Feuer. Das

---

[1]) Werbungszeichen.
[2]) M. Müller, Physische Religion, S. 274.

Wasser ist in der Nacht eine beliebte Wohnstätte böser
Geister, so dass, wenn man darin baden will, man zuvor
Feuer hineinwirft (EZ. II. 194), um die Dämonen zu ver-
treiben.

Man glaubt, dass das Feuer sprechen kann[1]). Wenn
es prasselt, so deutet es üble Nachreden an. Während
des Prasselns spricht man Namen aus, und hält dann den
für den Schuldigen, bei dessen Name das Prasseln aufhört.
Feuer und Wasser als Geschwister. Während
die anderen asiatischen Völker z. B. die Iranier, die Indier,
einen männlichen Feuergott haben, erscheint das Feuer
bei den Armeniern weiblich. Sein Bruder ist das Wasser.
Von diesen Geschwistern erzählt man folgende Sage (EZ.
II. S. 195): Das Feuer und Wasser stritten einmal darüber,
wer von ihnen stärker sei. Sie beschlossen ihre Kräfte zu
messen. Die Schwester (das Feuer) fing an, das ganze Heu
auf den Bergen zu verbrennen, um ihre Kraft zu zeigen.
Der Bruder (das Wasser) aber kam und löschte es aus.
Seit diesem Tage sind die Geschwister mit einander ver-
feindet. Das Feuer wird auch bei den alten Armeniern die
Schwester genannt, und die Quelle der Bruder (AAG. S. 44 f.).
Herdfeuer und Herdkultus. Die heilige Stätte
zu Hause ist T'onir „der Herd". Er wird der Kirche gleichgesetzt. So heisst er auch zuweilen. Nachdem man den
T'onir gebaut, ruft man den Priester, um ihn zu weihen.

Der Herdkultus ist mit dem Kultus des Hausfeuers
verbunden, aber er ist auch mit dem Manenkultus verbunden. Bei den Römern standen am Herde die Bilder der
Laren und Penaten, bei den Armeniern, glaubt man, die
Manen jeder Familie wohnen *Թուրի չրթան* oder *ափուր* auf
den „Lippen" (dem Rande) und dem „Auge" (Luftzutritts-
stelle) des Herdes. Allerdings werden die Stellen auch oft
als Wohnstätte böser Geister aufgefasst (HB. S. 64), jedoch
müssen wir berücksichtigen, dass unter christlichen Ein-

---

[1]) Vgl. Geiger, ostir. Kultur, S. 254.

drücken sehr leicht auch die Manen, wie überhaupt alle
guten Geister, abgesehen von den Engeln, mit bösen verwechselt wurden. Die Manen selbst haben mitunter böse
Einwirkung und einen böswilligen gespensterhaften Charakter, z. B. der Inder glaubt, dass die Väter zürnen, und
ihrer Nachkommenschaft schaden[1]). So könnten auch bei
den Armeniern die Manen, die am Rande des Herdes
wohnen, Furcht einflössen, trotzdem sie, wie wir an einigen
altertümlichen Bräuchen sehen, die Manen der Familie sind.
Die iranische Sitte bei gewissen Vorkommnissen, beim
Niesen, nach dem Abschneiden der Haare und der Nägel
u. a.[2]) zu beten, finden wir noch heute bei den Armeniern.
Ausserdem werden diese unnützen Teile des Körpers: ab-
geschnittene Nägel, Haare, ausgefallene Zähne u. a. nicht
weggeworfen (AU. S. 102, 103), sondern unter Beobachtung
besonderer Bräuche und Gebete (EZ. I. 362) an als heilig
geltenden Stätten z. B. einer Spalte der Kirchenwand oder
einer Säule des Hauses, in einem hohlen Baume, versteckt.
Denn man glaubt, dass bei der Auferstehung alle diese
Körperteile auch erscheinen müssten und dass man sie,
wenn man sie nicht begräbt, später suchen muss. Wenn
man die Nägel nicht begraben kann, so soll man sie wenigstens über die Schultern nach hinten werfen und dreimal
sagen: „Wo ich auch hingehe, komm du auch mit". Alsdann glaubt man, dass die Nägel dem Leibe folgen. Die
Zähne und die Nägel werden aber gewöhnlich am Herd-
rande begraben, oder man wirft sie in die Luftzutritts-
stelle des Herdes, unter den Gebeten zu den Geistern, die
dort wohnen, und ruft diese als Zeugen an, dass man diese
Bräuche erfüllt hat. Man betet bei dem Zahnbegräbnis:

„Nimm dir, Grossvater, einen Hundezahn,
„Und gieb mir einen goldenen Zahn".

Bei dem Nagelbegräbnis:

---

1) Oldenberg d. Rel. d. Veda. 568.
2) Spiegel, Eran. Alth. III, 691.

„Nagel, bleibe auf deinem Platze ruhig,
„Adam, diene mir als Zeuge" (vgl. EZ. I. 362. TT. 16).

Der Vorvater Adam ist gewiss an Stelle des Grossvaters getreten. Die Seelen der Ahnen beteiligen sich an der Freude ihrer Nachkommenschaft. Sie kehren bei Familienereignissen, wie Hochzeit, Geburt u. a. zu ihren Familienmitgliedern zurück und „greifen hold oder unhold in dieselben ein", daher geniessen sie auch z. B. bei der Hochzeit eine ganz besondere Verehrung[1]). Eine solche Vorstellung von den Manen haben gewiss auch die Armenier gehabt, wir finden z. B. in heutigen Hochzeitsbräuchen, welche sehr alt zu sein scheinen, die Spuren einer Manenverehrung einer Darbringung an die Manen, in derselben Weise, wie wir sie schon erwähnt haben. Bei der Hochzeit des Sohnes setzt die Mutter, vor Ankunft des Brautpaares, auf ein Brett zwei oder vier Brote und Feuer in einen Teller, wirft Weihrauch darauf und trägt es zuerst um den Herd herum, dann um die vier Ecken des Hauses, wo die Geister wohnen. Sie tritt heraus und geht im Hofe um das Brautpaar herum. Man führt nachher dasselbe ins Haus hinein, wo die Braut dreimal um den Tʻonir, Herd, herumgeht. Alsdann kniet sie mit dem Bräutigam nieder und beide küssen die „Herdlippe" d. h. den Herdrand. Die Braut wirft Weihrauch, den sie von ihrem Vaterhaus mitgebracht hat, auf den Herd als Darbringung. Beide küssen dann die Hand des ältesten Verwandten, der sie segnet (vgl. EZ. II. 140. IIB. 62).

Viele Herde sind für das ganze Dorf oder für den ganzen Gau heilig. So gilt der Herd des Begründers des Dorfes, also ursprünglich der des Ahnherrn des Dorfes, für die Einwohner desselben als heilig, ebenso der Herd des ehemaligen Herrn des Landes für die Bewohner des Landes. Das Brautpaar hält es für seine Pflicht gleich

---

[1]) Meyer, E. H., Indogerm. Myth. I.

nach der Vermählung in der Kirche seine Verehrung einem
solchen Herde zu erweisen. Man brennt Weihrauch, zündet
Kerzen an und empfängt den Segen des ältesten Mitgliedes
des Hauses. Mitunter wird, wie bei den Römern und Indern, auch die Eheschliessung vor dem Herde vollzogen,
besonders wenn in dem betreffenden Dorfe keine Kirche
vorhanden ist. Man stellt um den Herd brennende Kerzen,
die Braut und der Bräutigam stellen sich davor mit dem
Antlitz nach Osten, knien dann nieder und küssen den
Herd. Nach Beendigung der Zeremonie verlassen sie das
Haus und zwar rückwärts gehend, um dem Herde nicht
den Rücken zu zeigen, denn dies gilt als Sünde (EZ. II.
115). Auch die Taufe der Kinder erfolgt zuweilen auf
dem Tᶜonir, welcher hier der gewöhnliche Familien-
herd ist.

Man verehrt die heiligen Herde aber auch zu anderen
Zeiten, Sonn- und Feiertags, wie die christlichen heiligen
Stätten, z. B. die Kirchen und Klöster (EZ. II. S. 137. 139 f.
195). Es giebt auch solche Herde, welche für alle Bewohner des Landes, sowohl für die Armenier als auch für
die Türken, Tataren und Kurden heilig sind.

Für jede Familie ist der Herd heilig. Bevor die junge
Gattin ihr Vaterhaus besucht, küsst sie den Herd. Sie
wiederholt es nach ihrer Rückkehr. Der Herd ist das
Sinnbild der Familie. „Sohn eines grossen Herdes" bedeutet „Von einer bedeutenden reichen Familie". Das
Herdfeuer ist ein „Sinnbild der Dauer der Familie". „Möge
Gott das Feuer auf eurem Herde ewig erhalten" d. h.
„Möge euer Geschlecht ewig dauern". Beim Freien sagt
man dem Vater der Braut (EZ. II. 195): „Wir sind gekommen um deinem Herde eine Hand voll Asche zu entnehmen, um sie mit der unseres Herdes zu vereinen".
Wenn eine neue Familie sich von der alten trennt, zündet
das erste Mal das Haupt der Ursprungsfamilie den Herd
mit einem aus dem alten Herde entnommenen Funken an.
Wir bringen diesen Herdkultus mit dem Manenkultus

in Verbindung nicht nur, weil die Manen am Herde wohnen,
sondern auch, weil der heilige Herd selbst oft mit einem
Grabe verbunden erscheint. Überhaupt glaubt der Armenier in jeder heiligen Stätte entweder das Grab irgend
eines Heiligen zu finden, oder den Ort eines Ereignisses
seines Lebens. Man zeigt in einem kurdischen Dorfe, in
der Nähe von Manazkert, einen grossen Grabstein, den die
Armenier ազդասուրի գերեզման „Riesengrab" nennen. Auch
an anderen Stellen in Armenien giebt es „Riesengräber" wie
man solche altertümliche Grabdenkmäler oder ähnliche
Steine nennt, und unter այսասուր „Riesen" versteht man
die Urbewohner Armeniens[1]). Einige von diesen Riesen-
gräbern werden als oջախ „Herd" verehrt, so wie der oben
erwähnte Grabstein, der von den Kurden für das Grab
des Ahnherrn eines kurdischen Scheikhs gehalten wird
(SMH. S. 63).

Die Verunreinigung des Feuers. Sonnenwendfeuer. Das Feuer wird durch den täglichen Gebrauch und durch die Annäherung an als unrein geltende
Gegenstände z. B. die Leichen bei den Iraniern[2]) verunreinigt. Überreste dieser Anschauung finden wir auch in
dem armenischen Volksglauben. Man macht z. B. im
Zimmer, wo ein Verstorbener liegt, kein Feuer. Stellenweise macht man unter dem freien Himmel Feuer an,
um das Wasser zum Leichenbade zu wärmen. Zur
Entzündung dieses Feuers benützt man nicht das Herdfeuer, um es nicht zu verunreinigen, sondern erzeugt mit
Feuerstein und Stahl ein frisches Feuer. Nach Erwärmung
des nötigen Wassers ist dieses Feuer unrein und schädlich,
man lässt die halbverbrannten Holzscheite nicht mehr im
Hofe, sie werden brennend auf die Strasse geworfen, wie
bei den alten Indern „das Opferfeuer eines Verstorbenen,
welches durch dessen Tod selbst zu einem Sitz totbringen-

---

1) Die այսասուր Aznavur werden auch դիւ Dev genannt.
2) Geiger, Ostir. Kultur 258.

der Mächte geworden ist"[1]). Alle Vorübergehenden vermeiden diese auf der Strasse liegenden Brände als etwas
gefährliches. Man glaubt sogar, dass wenn man sie betritt,
dies den Tod eines Familienmitgliedes zur Folge habe
(AU. 97). Wenn das Feuer durch den täglichen Gebrauch im
Laufe der Zeit verunreinigt wurde, so wurde es an der
heiligen Feuerstätte der Gemeinde erneuert. Diese Anschauung und der Brauch der Erneuerung des Feuers ist
bei vielen Völkern verbreitet und ist auch von vielen und
vielfach besprochen. Ein Überrest hiervon ist bei den Armeniern noch in Form eines Brauches vorhanden; dieser
Brauch heisst *տէրնտագ դոդոլիչ*, eine Entstellung des
Wortes *տեանընդառաչ* „Lichtmesse", denn es wird am
Vorabende derselben gefeiert. Das Feuerfest ist sogar in
die Kirche eingedrungen, erst in den letzten Jahren wird
im Kirchenkalender von Etschmiadzin an diesem Tag geschrieben: „Es ist verwerflich um das Feuer herumzulaufen".
Aber das Fest wird noch immer gefeiert.

Man bringt den 13. Februar nachmittags in den Hof
der Kirche Brennmaterial und stellt einen grossen Scheiterhaufen her. Besondere Hölzer sind nicht vorgeschrieben,
aber man brennt gewöhnlich Stroh, Rohr und Dornen, in
einigen Gegenden sogar nur diese drei. Und wir glauben,
dass es auch ein alter Brauch ist; denn der Dorn ($\dot{\rho}\dot{\alpha}\mu\nu o\varsigma$)
wurde auch bei den Griechen zur Hervorbringung des
heiligen Feuers durch Drehung gebraucht, so wie das
Dornholz, Bocksdorn oder Kreuzdorn, bei den Deutschen
für das Ost- und Notfeuer gebraucht wurde[2]). Der Dorn
ist ein Abwehrmittel und wird, wie wir sehen, in armenischen Zaubersprüchen dem Feuer gleichgesetzt und als
Abwehrmittel gebraucht. Die ganze Gemeinde versammelt
sich am Abend in der Kirche und jeder kauft eine Kirchen-

---

[1]) Oldenberg, d. Rel. d. Veda S. 488.
[2]) Kuhn, Herabk. d. Feuers 38. 46 f.

kerze. Nach der Vesper stehen alle um den Scheiterhaufen
herum, in erster Linie alle im Laufe des Jahres vermählten
Ehepaare. Die Kerzen werden am Kirchenlichte angezündet
und, nachdem der Priester den Scheiterhaufen gesegnet
hat, setzt man ihn von allen Seiten in Flammen. Sobald
er ausgebrannt ist, zündet man seine Kerze an der glühen-
den heiligen Asche an und trägt sie brennend nach Hause.
Mit dieser Kerze zündet man dann zu Hause auf der Dach-
platte einen Scheiterhaufen an. Während er brennt,
springen die jungen Leute darüber durch die Flammen,
die Mädchen und Frauen gehen um ihn herum und sagen
(EZ. II. 263): **Ի՞ չորտատիմ, ո՛չ որոտատիմ** „Mag es mich nicht
jucken, und ich keinen Aussatz bekommen". Man versengt
einen Saum des Kleides. Die halbverbrannten Scheite,
so wie die Asche, werden aufbewahrt, oder in die vier
Ecken der Dächer im Viehstall, im Garten, auf den
Weiden, zerstreut, denn die Flamme, die Asche des Feuerbrandes schützen die Menschen und das Vieh vor Krankheiten, die Obstbäume vor Raupen und Würmern. Feier-
licher mit Musik und Tanz wird das Fest bei den Neuver-
mählten gefeiert. Das junge Paar tanzt um das flammende
Feuer herum (SM. S. 108). In einigen Orten bereitet man
zu diesem Feste auch besondere Speisen.

Man macht während des Feuerbrandes verschiedene
Divinationen, z. B. wenn die Flamme und der Rauch sich nach
Osten richten, ist es ein Zeichen für ein gutes Erntejahr,
wenn nach Westen, so deutet dies Misswachs an. Diese
Wahrsagungen lassen vermuten, dass dieses Feuerfest zu-
gleich ein Sonnenwendfeuer ist, das ursprünglich vielleicht
am Ende des alten Jahres nach der alten Berechnung
(AAG. S. 139) oder Anfang des Frühlings gefeiert wurde.
Dieses Fest wurde dann in der christlichen Zeit zur Licht-
messe, wie alle altheidnischen grossen Feste in christliche
umgewandelt wurden. Man beachte auch, dass dem
Monate Februar des altarmenischen Kalenders der Monat
Արեգ „Sonne" folgt. Man verbindet aber dieses Feuerfest

gewöhnlich mit dem Gotte Mihr; denn dem Monate Februar,
in welchem das Feuerfest stattfindet, entspricht der alt-
armenische Monat Mehekan. Der Name des letzteren aber
ist von den Iraniern entlehnt[1]). Diese bezeichnen mit
Mihragan = Mehekan ihr Mithrafest, das im Monate Mihr,
dem siebenten im Kalender, als ein sehr hohes Fest gefeiert
wurde[2]).

VII.

Schlangenkultus.

Die Überreste einer Schlangenverehrung, die wir für
die alten Armenier bezeugt finden (AAG. S. 150), haben
sich bis auf die Gegenwart in dem armenischen Volksglauben erhalten. Eine Art von Vergötterung geniessen
aber nur die unschädlichen Hausschlangen, *[[Armenian]]*, *[[Armenian]]*
genannt; diese, glaubt man, sind die Beschützer der
Armenier gegen schädliche, insbesondere gegen giftige
Schlangen; letztere verfolgen sie sogar. Sie werden in-
folgedessen von den Armeniern für unverletzlich gehalten,
und man lässt sie als Beschützer des Hauses ruhig in den
Wohnstätten sich einnisten.

Man glaubt, dass ein jedes Haus seine unsichtbare
Schlange habe, die die bösen Geister vertreibt. Sie ist das
Glück des Heims und tritt zuweilen in Erscheinung. Diesen
Schlangen wird Milch vorgesetzt, damit sie nach dem
Trinken derselben Goldstücke in dem Gefässe zurücklassen[3]).
Man erzählt in einer Sage, wie eine solche Glücksschlange,
weil sie schlecht behandelt wurde, sich von dem Hause

---

[1]) Hübschmann, Arm. Gramm. I, 194.
[2]) Spiegel, Er. Alth. II, 83. III, 707.
[3]) Vgl. Mannhardt, Antike Wald- und Feldkulte. S. 182 f.

entfernte und das ganze Hausglück mitnahm (EZ. II. 212 f.).
Gleich den Häusern haben auch die Ortschaften Schlangen
zu ihrem Schutzgeist. Eznik (S.

106) schreibt: „Was man
շահապետ վայրաց „Schutzgeist der Ortschaften" nennt, kann
nicht bald als Mensch erscheinen, bald als Schlange, wodurch
[der Teufel] die Schlangenverehrung in die Welt einzu-
führen ersann". So erscheint auch der römische Genius
loci zuweilen in der Gestalt einer Schlange. Es giebt auch
Schlangen, die Schutzgeister eines ganzen Gaus oder einer
ganzen Gegend sind (SMII. S. 45). Die Schlangenart
լորտունք aber, sagt man (EZ. II. 212) sind „Armenier",
darum sind sie gegen die Armenier freundschaftlich gesinnt. Sollte nicht ein verdunkelter Überrest von Totemis-
mus in dieser Schlangensage stecken? Der Glaube, dass
die abgeschiedenen Seelen unter Schlangengestalten fort-
leben [1]), könnte auch bei den Armeniern vorhanden sein.
Die Bezeichnung der ungiftigen Schlangen als „Armenier",
die bald als Schlangen, bald als Menschen erscheinen und
ähnlicher Weise wie die Manen des Gaus, den Gau und
alle Armenier schützen, könnte wohl ihren Ursprung dem
Umstande verdanken, dass sie im Altertum als Manen gedacht worden sind. In dem altarmenischen Volksepos sind
Վիշապազունք das „Drachengeschlecht", die Nachkommen
des Mederkönigs Aždahak, ursprünglich der Gewitterschlange, bekannt.

Den in Berghöhlen wohnenden Schlangen wurden von
den alten Armeniern Jungfrauen und unschuldige Jünglinge als Opfer dargebracht (AAG. S. 150). In einigen
Gegenden Armeniens werden diese unheimlichen Tiere
noch immer verehrt. Man opfert ihnen aber nur Hähne,
verbrennt vor den Bäumen, in deren Höhlen sie sich aufhalten, Weihrauch und Kerzen, bittet sie um Schutz vor
anderen Schlangen. Während der Darbringungen und Gebete, erzählt man, kommen die grossen Schlangen aus

---

[1]) Lippert, Seelenkultus S. 37.

ihren Nestern heraus und kriechen in die Mitte der Beten-
den ohne ihnen Schaden anzuthun (EZ. II. 212). Die
Häute der Schlangen überhaupt und die der verehrten insbesondere gelten als Schutzmittel gegen die schädlichen
Schlangen und gegen Kopfschmerzen, daher trägt man sie
im Hute oder im Busen (SMH. 92. EZ. I. 369).
Von den Schlangen werden viele Sagen erzählt, welche
auch die Gewitterschlange betreffen. Jeder Gau hat seine
Schlangen, die in Berghöhlen wohnen. Sie haben dort ihre
Paläste, wie auch schon aus der Stelle von Eznik (S. 104)
hervorgeht: „Keine Paläste haben sie (die Drachen) wie
die Menschen", und ein mittelalterlicher Schriftsteller,
Vahram Vardapet schreibt: „Es wird gesagt, dass man ge-
sehen habe, wie die K῾ajk῾ und Drachen auf hohen Bergen
Paläste und Wohnungen haben (AAG. 194).
Die Bergschlangen haben ihre Könige und Königinnen.
Der Schlangenkönig hat wie überhaupt alle Drachen, als
seine Krone einen sonnenähnlichen Edelstein, oder goldene
Hörner, die wie Licht strahlen und demjenigen, der sie besitzt, Weisheit und Zaubermacht verleihen[1]). Die Schlangen-
königin hat flammendes Haar. Die Könige haben ihre
Heere und Heerführer und ziehen mit grosser Macht gegen
einander in den Kampf (SMH. 44). So glaubt man, z. B.
dass die Schlangen d. i. die Gewitterschlangen, von dem
Berge Ararat alle paar Jahre einmal gegen diejenigen von
dem Berge Aragac kämpfen. In vielen Sagen sind die
Schlangen die handelnden Personen. Sie ziehen oft ihr
օձեղէն շապիկ „Schlangenhemd" aus und werden schöne
Jünglinge und verheiraten sich mit Jungfrauen.

---

[1]) Vergl. die Schlangensteine bei Schwartz, Poet. Naturanschauung,
I. 2 ff.

VIII.

Gewittersagen.

Zwei Gewitter- oder Wolkenwesen, die unter verschiedensten Gestalten erscheinen, kämpfen im Donner und Sturm mit Blitzen gegen einander. Das eine, der gute, menschenfreundliche Gott besiegt das andere, den Dämon, und sendet den Menschen Regen und Sonnenlicht, die der Dämon den Menschen vorenthält. Das ist der Inhalt der meisten Gewittersagen, sowohl bei anderen Völkern, als auch bei den Armeniern. Der Kampfplatz ist nicht der „obere Himmel", der ein festes Gebäude ist, sondern der Zwischenraum zwischen dem Himmel und der Erde, der sichtbare Wasserhimmel, wie Eznik schreibt, der auch im Volksmunde Apostel- oder Abrahamsmeer, blutrotes, purpurnes Meer heisst. Die erste Schicht desselben besteht aus Wolken (EZ. I. 348) und auf den Wolken ist das Wassermeer, dessen Anfang und Ende auf dem Ozean ruht.

Die Gewitterwesen werden zunächst als zwei bergähnliche Ungeheuer oder als grosse ungeschlachte Tiere gedacht, die Kopf gegen Kopf, Gehörn gegen Gehörn mit einander kämpfen. Von den Schlägen ihrer Hörner oder Schwerter an einander blitzt und donnert es (EZ. II. 220). Sie werden alsdann bestimmter als Rind (Kuh) oder Bock (Geis) aufgefasst. So heisst es z. B. in einem Rätsel[1]) von der „Wolke und Donner":

„Ich habe eine Kuh hier und da,
„Ihre Hörner sind weit und breit,
„Von dem Milchbrunnen trinkt sie Wasser,
„Und dem blutroten Meer entlockt sie das Gebrüll".

In einer gedruckten Variante (SM. S. 314) steht statt

---

[1]) Das Rätsel haben wir von Herrn stud. phil. G. Vancian bekommen.

— 78 —

der Kuh Հանք „Erzgrube, erzgefüllter Berg". Also das
Wolkenwesen, das der Donner ist, wird als ein Rind oder
ein bergähnliches Wesen mit grossem Gehörn gedacht. In
einem anderen Rätsel heisst es von der blitzschwangeren
Wolke: ինքր էծ, մէջքր պէծ „Sie selbst (ist) ein Bock (oder
eine Geis) und auf dem Rücken des letzteren sind Funken".
Der Donnerer wird aber auch als Wind gedacht. Man
glaubt nämlich, dass wenn der wogenschlagende Wind in
das himmlische Meer weht, es donnert (EZ. II. S. 220).
Gewitterdrache. Die Gewitterschlangen nehmen
eine grosse Stellung im armenischen Volksglauben ein.
Sie heissen Višap „Drache", ein altes und häufig gebrauchtes
Wort, das dem Iranischen entlehnt ist[1]) und im Volksmunde gewöhnlich ušap heisst. Zuweilen werden auch die
wirklichen Schlangen, wenn sie sehr gross sind, Višap genannt. Aber das ist nur eine Übertragung von der Gewitterschlange auf die wirkliche. Dasselbe ist der Fall bei
den meisten Sagen von den Bergschlangen und ihren
Kämpfen gegeneinander, welche zurückzuführen sind auf
die Sage von Gewitterschlangen, die in der Luft oft um
die Krone ihres Königs gegen einander kämpfen, wodurch
ein Umschlag in der Witterung hervorgebracht wird.
Alles was man vom Višap erzählt, stellt ihn als die
Personifikation des Gewitter- oder Wirbelwindes und der
Gewitterwolke dar. Sein physischer Charakter ist meistens
ganz klar, und wenn er in einigen Sagen etwas verdunkelt
ist, braucht man nur eine Parallele heranzuziehen, um
gleich zu sehen, dass was von dem mythischen Wesen
Višap erzählt wird, zu dem Gewitter- oder Wirbelwinde
gehören.
Im Volke bedeutet Višap seit alten Zeiten bis heute
Wirbelwind oder Gewitterwolke. Anania Širakuni[2])

[1]) Hübschmann, Arm. Gramm. I. S. 247.
[2]) Wir entnehmen dieses und das folgende Citat von Ališan (S. 66),
der zu Anania Širakuni „oder ein anderer" hinzufügt. Also ist der Ver-
fasser nicht bestimmt.

schreibt: „Über *վատորիկ* den Wirbelwind, den man in den Geschwätzen und Mythen *վիշապ հանել* „den Drachen erheben" nennt. Das Gewitter ist ein Wind, der von der Erde, aus eingestürzten und ausgehöhlten Orten, wo Schluchten entstanden sind, nach oben aufsteigt; er wirbelt in den Adern der Erde und wenn er einen Ausgang findet, wendet er sich, in eine Menge gesammelt, nach oben und, durch Wolken verdichtet, tobt er in furchtbarer Weise, bis er Bäume entwurzelt, Felsen fortreisst. Was er auch immer findet, hebt er mit grossem Lärm auf und schleudert es auf die Erde. Dies nennt man *վիշապ հանել* „den Drachen erheben". Vanakan Vardapet schreibt: „Man sagt, dass der Drache nach oben in die Luft gezogen wird. Von verschiedenen Seiten wehen Winde und treffen zusammen. Das heisst *փոթորիկ* „Wirbelwind": wenn sie einander nicht besiegen, vereinigen sie sich zu einem „Wirbelwind" und steigen nach oben. Wenn die Einfältigen es sehen, glauben sie, dass es ein Višap oder ein anderes Wesen sei". Ähnlich wie der griechische Typhoeus Wirbelwind, Wasserhose und überhaupt jedes Unwetter bezeichnet, und zugleich ein mythisches drachenartiges Wesen ist, das mit seinem feurigen Atem und Wolkenqualm den Himmel erfüllt"[1]), so ist auch der armenische Višap ein mythisches Wesen, ein Ungeheuer, das als Wasserhose und Wirbelwind auftritt. Als Gewitterwesen erhebt er sich, oder wird nach dem Himmel erhoben, und als solches wohnt er auf hohen Bergen, wo die Wirbelwinde sich kreuzen und ist, wie bei andern Völkern der Gewitterdrache, mit Erdspalten und Berghöhlen verbunden. Als Gewitter- oder Wolkenwesen wechselt er auch oft seine Gestalt. Bei Eznik z. B. erscheint er bald als Schlange, bald als Mensch, bald als Maultier oder Kamel (S. 106) oder wie ein schnell das Wild verfolgender Reiter (S. 107).

Von Višap wird weiter berichtet, dass er das Ernte-

[1]) Schwartz, Der Urspr. d. Myth. 30ff.

korn in den Tennen auf Lasttiere lade und abhole (Eznik
S. 103, 106). Dieselbe Geschichte wird bei vielen anderen
Völkern von dem ziehenden Drachen als der Gewitterwolke[1]) oder dem Trolle, der Personifikation des Wirbelwindes, erzählt[2]). Von den Višaps heisst es im Mittelalter,
dass sie den Kühen die Milch aussaugen. Das thun auch
die russischen Lješi, welche Waldgeister und gleichzeitig
die Personifikation des Wirbelwindes sind, die Trolle, die
Feuerdrachen u. a.[3]) Wie bei anderen Völkern[4]), so wird
auch bei den Armeniern dem Gewitterdrachen ein schädigen-
der Hauch zugeschrieben. So heisst es z. B. bei Eznik
(S. 107) in einer dunklen Stelle: „Wenn ein solcher Drache
erhoben würde, [so ist es wohl] nicht von den angeblichen
Ochsen, sondern von irgend einer geheimen Kraft auf
Gottes Befehl [geschehen], damit sein Dampf [Hauch] nicht
dem Menschen oder dem Vieh schade".

Gewitterkampf. In allen alten Berichten von Višap
heisst es, dass er von der Erde nach dem Himmel gezogen
wird, oder wie Vahram Vardapet (13. Jahrh.) schreibt
(AAG. S. 172), dass er „von der Erde nach dem Himmel
aufsteigt". Der griechische Typhoeus ist auch Erdgeboren,
„wie alle die Gewitterwesen, die Giganten und die ganze
Drachenbrut, die sich gegen den Himmel erhebt, denn von
der Erde d. h. am Horizonte kommen sie herauf, wie wir
noch sagen „ein Gewitter kommt herauf"; in die Erde
scheinen sie andererseits auch wieder im Blitze „hinab-
zufahren"[5]). Bei den Germanen verfolgt und jagt der
Donner die Personifikationen des Wirbelwindes, die Trolle
u. a.[6]) und „der Kampf des Zeus mit Typhoeus, schreibt

---

1) Schwartz, Poet. Naturansch. II, 89.
2) Mannhardt, Der Baumkultus. 69. 127 f. Antike Wald- und Feldkulte S. 94. Laistner, Das Rätsel der Sphinx II, 275. 281.
3) Mannhardt, Germ. Mythen, 48 f. Antike Wald- u. Feldkulte, 103.
4) Schwartz, Urspr. d. Myth. 30. 51 f. Poet. Naturansch. II, 164.
5) Schwartz, Urspr. d. Myth. 40.
6) Mannhardt, Baumkultus S. 149.

Mannhardt[1]), verhält sich gerade so, wie zu der ihr entsprechenden deutschen Sage die Feindschaft Thors gegen die Trolle, des Donners gegen die Waldweiber, Riesen" u. s. w. Andererseits glaubt man, dass der Drache beim Gewitter die Sonnenjungfrau überfällt, aber der Gewitterheros sie befreit[2]). Wir haben schon gesehen, wie der „grosse Drache" die Sonne verfolgt; er erhebt sich, glaubt man, mit bösen Geistern auch im Gewitter nach dem Himmel um die Sonne zu verschlingen. Sie widerstreben der Sonne, und verhüllen sie, auf dass die Menschen ihr „lichtes Gericht" nicht mehr sähen. Aber der Engel Gabriel mit anderen Engeln zusammen kämpft gegen den Drachen und die Teufel, sie schlagen diese mit feurigen Schwertern und treiben sie aus den schwarzen Wolken hinaus. „Der Donner, der aus den Wolken vernommen wird, ist das Getöse dieses Kampfes, das Wetterleuchten ist das Blinken des Schwertes Gabriels, der Blitz ist sein Pfeil und der Regenbogen sein Bogen" (SMH. S. 109. EZ. II. 220). Nach einer anderen Fassung, wie auch in alten Berichten, wird der Drache im Gewitter hinaufgezogen. Man glaubt nämlich, wie bereits erwähnt, dass die fliegenden und feuerhaarigen Drachen, sowie alle Schlangen und Drachen unsterblich seien, wenn sie nicht getötet werden. Sie werden immer grösser und wenn ein Drache schon tausend Jahre alt ist, so ist er für die Welt gefährlich, da er die Welt verschlingen kann. Wenn er im Wasser wohnt, z. B. im Vansee oder in anderen Seen, so kann er das ganze Wasser austrinken. Aber grade zu dieser Zeit kommen die Engel vom Himmel herab, fesseln den Drachen und ziehen ihn im Gewitter nach oben. Der fliegende und feurige Drache aber kämpft im Getümmel mit den Engeln, windet sich, haucht Feuer aus, beschüttet oft die Erde mit Wasser. Die Engel ziehen

---

[1]) Antike Wald- u. Feldkulte S. 102.
[2]) Schwartz. Indogerm. Volksglauben S. 112.

ihn immer höher bis zur Sonne, deren brennendes Feuer ihn versengt und zu Asche macht, die auf die Erde herabfällt. Oft wird der sich sehr stark schlingende Schweif des Drachen abgeschnitten und fällt auf die Erde herab, oder die Engel lassen den Drachen los und er fällt von der Himmelshöhe auf einen Berg herab, wo er ganz zerschmettert wird. Man will oft beim Gewitter gesehen haben, wie der alte Višap von Bergen oder Seen nach dem Himmel gezogen wurde, während die Višaps, die im Himmel wohnen, herabkamen oder wie der an den Himmel gekettete Drache seinen schrecklichen Kopf zeigte, den Schweif verlängerte bis auf die Erde oder den See. Beim Gewitter bezeichnet man feurige Wolkenstreifen, — eine Erscheinung, die in Armenien oft zu beobachten ist — als den feurigen Drachenkörper. Der Blitz aber, sagt man, ist der Stab oder die Rute des Engels Gabriel und der anderen Engel, womit sie den Drachen schlagen. Das Geschrei des Geschlagenen ist der Donner. Endlich ist der Drache in kleine Stücke zerhackt, die als Schlangen herabfallen d. h. die Streifen des herabfallenden Regens werden als Schlangen angesehen (vgl. SMH. S. 92. EZ. I. 351). Das ist schon die alte Geschichte des Kampfes von Indra mit Vrtra. „Es wird berichtet" schreibt Kuhn[1]), Vrtra, was wörtlich der Verhüllende, aber auch die Wolke heisst halte das Licht von der Erde ab; da zieht Indras mit der Schar der Maruths oder der Winde gegen ihn mit dem Donnerkeil. Sobald er erschlagen ist, stürzen sich die Wasser herab von den Bergen oder, wie es auch ausgedrückt wird Ahis (was die Schlange heisst), der bis dahin seine Zuflucht auf den Bergen gesucht hatte, stürzt von ihnen herab, und nun zieht die Sonne wieder am Himmel herauf".

Der Engel Gabriel mit der Schaar der Engel ist gewiss in christlicher Zeit an die Stelle des alten Gewittergottes und seines Gefolges getreten. In christlicher Zeit hat

---

[1]) Z. f. d Alt. 1845. S. 485.

bei den Armeniern auch Elias, wie so oft, den Donnergott ersetzt. Er ist auch der Regenspender. Wenn er, heisst es in einer Sage, mit Gewalt und Schnelligkeit seinen vier-spännigen Wagen antreibt, um seinen fliehenden Schuldner und sein verliehenes Geld einzufangen, dann donnert es vom Rasseln des Wagens und blitzt von den Wagenrädern (Litt. u. Hist. Zeitschr. 1888. S. 272) oder von der Peitsche, wenn er die Pferde schlägt (EZ. I. 349). Der Schuldner und das verliehene Geld sind gewiss in neuer Zeit an die Stelle des Gewitterdrachen und der von ihm geraubten Wasserwolken getreten[1]).

In einer anderen Fassung dieser Sage tritt schon das Wolken-Ungeheuer als Gegner von Elias auf. „Der Blitz", heisst es, „ist das Feuer des Stabes von Elias. Er besteigt die Wolke, rennt darauf, schlägt sie mit dem Blitzstabe und sie dreht sich um und schreit" (NM. VII. S. 33). Der Donner wird als das Geschrei dieses Wolkenungeheuers aufgefasst, daher heisst er gewöhnlich *ամպի գոռոց*, das „Ge-schrei der Wolke". Ein Sprichwort lautet: „Bevor die Wolke nicht geschrien hat, regnet es nicht". Aber sie schreit, wenn Elias sie mit Blitzen schlägt, daher heisst es in einem anderen Sprichworte (Sch. V. 138): „Bevor Elias nicht gekommen war, hatte es nicht geregnet".

Covinar. Das phosphoreszierende Gewitterphänomen, das man bei den Deutschen die springende Geiss[2]) oder springenden und stossenden Bock nennt[3]), heisst bei den Armeniern *Հրաչք*, „feueräugig" (Kʻamaleanç S. Covinar, Tiflis. 1888. S. 26); aber es ist kein meteorischer Tier-dämon, sondern ein menschengestaltiger Gewitterdämon mit feurigen Augen. Er erscheint zuweilen und verbrennt mit

---

[1]) Als ein Beispiel der Erneuerung der alten Mythen kann folgendes dienen: Mohamed raubt Christo den Talar, erzählt man in Hayoç-jor, bei Van; Christus mit seinen Engeln verfolgt den Räuber und davon entsteht der Donner.

[2]) Schwartz, Poet. Nat. Ansch. II. § 88.

[3]) E. H. Meyer, Germ. Myth. 100.

dem sprühenden Feuer seiner Augen, das den Blitz bedeutet, alles was er vor sich findet und verschwindet dann.
Als ein Hračk' gilt auch Covean oder Covinar, eine Jungfrau, die im höchsten Himmel wohnt (Balaseanç, Rostom
und Salman, Tiflis, 1896). Sie reitet, oder wie man sagt:
խաղում է, spielt, tanzt auf einem feurigen Rosse in den
Wolken. Aus den Augen ihres Pferdes sprüht Feuer, mehr
aber noch aus ihren eigenen Augen. Ihr feuriges, lichtes
Antlitz kann niemand ertragen, daher trägt sie immer einen
Schleier. Sie erscheint auch als Mann verkleidet. In
dunklen Gewitternächten zeigt sie plötzlich ihren Kopf
hinter den Wolken und sieht nach unten, da wetterleuchtet
es oder ծովինար խաղում է (TT. S. 275) „tanzt Covean" auf
den Wolken. „Berg und Thal wurden so dunkel", heisst es
in einem Märchen (NM. V. S. 403), „dass, wenn ich von
Dunkelheit spreche, du an die Dunkelheit der Nacht denken
musst. Der Wind sauste und riss die Bäume um, Wolken
und Nebel hatten die Erde bedeckt. Covinar (der Blitz)
tanzte so, als ob sie die ganze Welt niederbrennen wollte."
Im Volksglauben wird diese tanzende Covinar im Gebete angerufen. Sie ist ein zürnendes, züchtigendes Blitzwesen, das den Menschen zur Strafe Hagel sendet, aber
auch den befruchtenden Gewitterregen giebt. „Es ist eine
schwarze Gewitternacht", heisst es in einer volkstümlichen
Beschreibung des Unwetters (Kʿamaleanç, Covinar, S. 31 f.),
„kein Stern und kein Mond ist da. Nach welcher Seite man
schauen möge, man sieht nichts: Der Boden ist schwarz
und der Himmel auch schwarz. Die zerrissenen Wolken
schlagen einander aufs Haupt und schreien (donnern)." Man
fürchtet den Himmel einstürzen zu sehen. Beim Heran-
nahen eines solchen Unwetters treffen die Bauern ängstlich ihre Vorbereitungen und zittern unter dem Sausen des
Sturmes und dem Geschrei der Wolken. Eine von den
Weibern wirft den Dreifuss hinaus in dem Glauben, dass
dann Gott den Blitz ablenken werde. Eine andere hält
mit einer Hand eine Nähnadel zwischen die Zähne und mit

der anderen einen Stein auf dem Kopfe und wiederholt von
Furcht befangen die Worte: „Steinköpfig, eisenzähnig". Da
erscheint Covinar am Himmel mit ihren Zacken und er-
strahlt in Licht und Feuer. Kaum ist eine Minute ver-
strichen, da spendet der Himmel aus seiner Brust be-
fruchtende Feuchtigkeit für Berg und Thal. Da freut sich
jedermann und ruft:

> „Liebe mächtige Covinar,
> Wende zu uns dein mildes Antlitz,
> Wir wollen dir Lämmer und Rinder opfern,
> Lass an uns die Strafe vorübergehen."

Covinar hat auch ihren Mythus, der allerdings ein
Märchen ist, aber es trägt viele ähnliche Züge wie die
Mythen der Gewitterheroen und Götter. Das Märchen
scheint eins der verbreitetsten zu sein. Vier Varianten
desselben sind schon gedruckt. Im Märchen tritt Covinar
auch als Donnerheroide auf. Und diese Auffassung stimmt
mit dem verbreiteten Glauben überein, dass der Donner
das Getrampel einer Reiterin ist, die mit einer (Blitz-)
Peitsche in der Hand im Himmel ihr Pferd antreibt (EZ.
II. 220). Alles das zeigt, dass die Armenier neben dem
Blitzgotte noch eine weibliche Blitz- oder Donnergottheit
kennen, wie die Griechen.

Die Etymologie des Wortes *Ѕnιμան* ist nicht anders zu
erklären, als von der Wurzel *Ѕnι*, „Meer", mit dem häufig
gebrauchten Suffixe *ιմ*, das die Herkunft bezeichnet. Also
bedeutet *Ѕnιμան* „vom Meer geboren", oder „Meeressohn",
„vom Meer abstammend". Das zweite Wort *Ѕnιμμ* ist von
Ѕnιμան mit dem Suffix *ιμ* abgeleitet, das sich in derselben
Bedeutung auch in anderen Wörtern findet, z. B. von *զաnμ*
wird *Oιμmμm*, ein Mädchenname, abgeleitet; so auch von der
Wurzel *nιμμ* wird zuerst *[]ιμμան* (auch *[]ιμμαն*), ein Knaben-
name, und von diesem *[]ιμμμμ*, ein Mädchenname, gebildet,
Oιμμμμ ist auch ein Mädchenname, der häufig vorkommt.
Als Personenname kommt auch *Գιμμμան* vor. Covinar und
Covean sind vermutlich ursprünglich als Beiworte der Blitz-

gottheit gebraucht worden und dann erst als Personen-
namen in Gebrauch gekommen. Eine solche Nennung des
Blitzgottes oder der Blitzgöttin kann sehr natürlich sein, da
der Himmel während des Gewitters zu kreissen und „die
gewitterschwangere Wolke [d. h. das Gewittermeer] unter
den Wirbelstössen und dem Stöhnen des Sturmes und
Donners in Geburtswehen begriffen" zu sein scheint[1]), um
einen Blitzheros zu gebären. Daher könnte der Blitzheros
oder die Blitzheroin ganz natürlich das Beiwort *ծովեան* oder
ծովինար, „vom Meer abstammend": tragen, wenn wir berücksichtigen, dass bei den Armeniern, wie auch bei anderen
Völkern, die Wolken als ein himmlisches Gewittermeer aufgefasst werden. Dieser Auffassung entsprechend heisst der
Blitzgott Agni apám napāt: das Kind der Wasser, so wie
der Gewittergott Indra und auch Trita āptya wasser-
geboren heissen.

Der Blitzheros Sanassar. Im Volksepos ist
Sanassar allerdings etwas abgeblasst, ein Gewitterheros
und Drachenkämpfer. Er ist auch mit seinem Zwillings-
bruder vom Meer geboren und heisst *ծովյին* Meeres[sohn].
So nennt er sich, um hervorzuheben, dass er nicht von der
Erde stamme. Die Mutter der Zwillingsbrüder wird auf
dieselbe Weise schwanger, wie in deutschen Märchen die
Mutter der Brüder, welche Mannhardt[2]) mit Indra verglichen hat. Sie geht am Meere spazieren, hört plötzlich
eine Stimme vom Meere, und dieses öffnet sich. Eine Quelle
sprudelt hervor, sie beugt sich darüber und trinkt eine
ganze und eine halbe handvoll Wasser und wird „vom Meere
schwanger". Wie wir später sehen, geht der Meergeborene
Sanassar unter das Meer, wo er das „feurige" Ross erwirbt.
Er trinkt dort aus dem „Milchbrunnen" und wird dadurch
„bergähnlich" und erlangt übergrosse Kraft und kann mit
seinen Feinden kämpfen. Die riesigen Gewittergötter sind

---

[1]) Schwartz, Indogerm. Volksgl. S. 55.
[2]. Germ. Myth. 216 ff.

gewöhnlich mächtige „Esser und Trinker". So trinkt auch im
armenischen Rätsel der Donner das bergähnliche Gewitterwesen mit grossem Gehörn, bez. der Stier den Milchbrunnen
im blutroten Meer, wo er donnert. Die Waffe von Sanassar
ist ein Blitzschwert, dass er im Meer mit dem feurigen
Rosse erlangt hat. Das Blitzschwert ist eine der beliebte-
sten Waffen in armenischen Sagen und Märchen. Es wird,
glaubt man, im Himmel, „in den feurigen Wolken mit den
Blitzen geschmiedet" und kommt auf die Erde herab. Ein
solches Schwert kann alles schneiden, Eisen, Felsen und
es tötet mit einem Schlage tausende von Menschen. Wer es
besitzt, der kann alle Devs besiegen und zu seinen Sklaven
machen. Wenn man das Schwert schwingt, so wird es
länger und trifft das Ziel (vergl. EZ. I. 350). Sanassar
reitet, unter anderen, nach der mythischen Պղնձէ քաղաք,
„Ehernen Stadt", die mit hohen Mauern umgeben ist und
keine Thore hat. Sein feuriges Ross springt in die Stadt.
Es ist dort dunkel und schwarz und auch Mangel an Wasser.
Die Zaubertochter des Königs, welche wie die Sonne leuchtet,
sitzt in ihrer schwarzen Wohnung wie im Gefängnis. Ihre
Fenster sind mit schwarzen Vorhängen verhängt. Bevor
Sanassar um sie zu werben vermag, muss er den Goldapfel,
der auf dem Dache wie das Licht leuchtet, herunterholen
und dann mit dem Drachen im Meer kämpfen. Er thut es.
Er nimmt in der Nacht den Goldapfel und kämpft mit dem
Drachen im Meer und raubt den Edelstein, den der Drache
auf dem Kopfe trug. Während seines Kampfes mit dem
Drachen schüttet dieser Wasser auf die Stadt, „die nass
wird, als wenn es in ihr geregnet hätte." „Was sieht man
am folgenden Tage? Die Fenster der Königstochter sind
geöffnet und ihr Licht strahlt in die Stadt", das heisst, das
Sonnenmädchen ist befreit. In dieser Sage ist das Ver-
hältnis des Drachen im Meer zum Sonnenmädchen nicht
ganz deutlich und leider haben wir auch keine andere auf-
gezeichnete Fassung der Sage. Aber es ist dennoch klar,
dass es ein Gewittermythus ist, in welchem das Sonnen-

mädchen von dem Drachen verfolgt wird, wie es bereits
beim Gewitterkampfe sich zeigte. Die Gewitterheroen haben bei den Indogermanen zwei
Arten Feinde, nämlich Riesen und Drachen. Im Volks-
glauben kämpft der Engel Gabriel mit dem Drachen und
Devs, oder allgemein ausgedrückt, mit bösen Geistern. Im
Volksepos treten auch die Riesen, die Devs, nur nicht in
der Geschichte von Sanassar, sondern in der seines Sohnes
David, auf, der auch wie sein Vater ein Blitzheros zu sein
scheint. Das ist aber nur eine Zweispaltung der Geschichte,
wie sie in Volkssagen häufig vorkommt. Vierzig Räuber,
Riesen, Devs, rauben die Kinder Davids und führen sie in
ihre Berghöhle. David verfolgt sie, tötet sie mit seiner
Keule, findet in der Höhle viel Gold und Silber, ein feuriges
Pferd und Blitzschwert.

Blitz und Blitzsymbole. Der Blitzstab des Elias
oder des Engels Gabriel und überhaupt aller Engel schlägt
die bösen Geister tot (EZ. I. 349). Diese, von Engeln verfolgt, fliehen beim Gewitter und nehmen zu Felsensteinen
und Bäumen ihre Zuflucht, aber der Blitz schlägt in die
Felsen und Bäume und vertreibt sie. Am liebsten aber
nehmen sie hinter den Menschen ihre Zuflucht, denn der
Blitzengel, oder Elias, ist den Menschen freundlich gesinnt
und will oft nicht mit den Bösen auch die Menschen schlagen.
Um wegen der Bösen vom Blitze nicht getroffen zu werden, muss man beim Gewitter fortwährend ein Kreuz
schlagen und den Namen Jesu Christi aussprechen. Dadurch werden die Bösen, die bei den Menschen ihre Zuflucht genommen haben, verscheucht und der Mensch bleibt
frei vom Blitzschlage. Das ist aber nur ein christliches
Abwehrmittel, die heidnischen und die stärksten Mittel sind
die Blitzsymbole, der Feuerstein und der Stahl.

Der Blitz ist ursprünglich als blosser Stein oder als Stein-
waffe gedacht. Man verflucht heute noch mit den Worten:
„Möge Gott auf deinen Kopf einen Stein werfen“, und unter
dem Stein versteht man den Blitzstein. Aber noch häufiger

nennt man den Blitz *կայծ ու կրակ*. „Funken und Feuer“, *Աստուծոյ կրակ*, „Feuer Gottes“. Das Wort *կայծակն*, „Blitz“ ist ein zusammengesetztes Wort von *կայծ*, „Feuer, Funken“ und *ակն*, „Stein, Edelstein“. Also der Blitz bedeutet im Armenischen Feuerstein oder feuriger Stein. Dies ist auch eine der ältesten Auffassungen desselben. Indra schleudert flammende Steine, Thors Hammer ist ursprünglich aus Stein und heisst Mjolnir. weil an. myln. Feuer, altkirchensl. Mlunija. Blitz, bedeutet[1]).

Der Blitz wird, wie so oft, auch als eine eiserne Waffe, eine glühende Eisenrute gedacht. die die Engel auf die Bösen schleudern. Sie fährt glühend in die Erde hinein. Findet man sie, und schmiedet daraus ein Schwert, so wird es alle Eigenschaften eines Blitzschwertes haben. Es kann sogar die Totkranken heilen (EZ. I. 350). Gemäss dieser Auffassung als glühendes Eisen bedeutet ein anderes Wort *շանթ* nicht nur den Blitz, sondern auch: vom Himmel herabgestiegenes Feuer und Eisen, ferner glühendes Eisen und auch Dreifuss. Das *կայծակի թուր* Blitzschwert heisst auch *կեծեL = կայծեաL թուր*, „feuriges, glühendes Schwert“. Ein anderes Wort *փայլակն*, „Wetterleuchten, Blitz-. auch Lichtstrahl“, ist wieder ein zusammengesetztes Wort von *փայL*, „Glanz“ und *ակն*, „Stein“, und bedeutet also ursprünglich glänzender Stein. In diesem Worte wird die strahlende Seite des Blitzes hervorgehoben.

Die Waffen des Gewittergottes sind also Steine, feurige glänzende Steine, Eisen, feuriges, glühendes Eisen. Daran schliessen sich dann das Blitzschwert oder glühende Schwert, der Blitzstab, die Blitzrute, die Keule, die feurigen Pfeile und andere.

Der Blitzgott oder der Engel Gabriel verfolgt und tötet mit solchen Waffen die Bösen. Dieselben treten aber auch in der Hand des Menschen als heilbringende Abwehr-

----

[1]) E. H. Meyer, Germ. Myth. S. 204.

mittel auf[1]). Besondere Wirkung haben der Feuerstein und -Stahl. Die Wirkung derselben aber zeigt sich am stärksten bei deren Gebrauch zur Herstellung von Feuer. Man glaubt sogar, dass das Blitzfeuer in den Feuerstein eingetreten sei, und man ziehe mit dem Feuerstahl den verborgenen Funken aus dem Steine hervor (EZ II. S. 195). Demgemäss heisst der Feuerstrahl Հրահան, „der das Feuer herausbringt". Man glaubt zuweilen, dass auch die Blitze im Himmel solcher Weise hervorgebracht werden (EZ. II. 220). Daher heisst auch das Blitzen im Neuarmenischen կայծակին տալ, das wörtlich bedeutet: an den Feuerstein schlagen.

„Eines Tages", heisst es in einer Sage (NM. VII.33), „war Mathikenz Poghos in der Mühle ... er mahlte in der Nacht sein Korn und machte sich dann auf den Weg nach Hause. Als er am Fusse der Friedhofsberge vorbeiging, da sah er, wie jemand von den Bergen herabstieg und ihm entgegen kam. Der böse Geist will ihn betrügen und in die Schaar der K'ajk' führen. Aber Poghos glaubte ihm nicht. Er dachte, dass er ein Böser sein könnte, der ihn verführen wollte. Er schlug ein Kreuz und sagte: „Jesus Christus", damit der Böse verschwände. Aber er verschwand nicht und sprach Hohn Jesu Christo ... Beinahe wäre seine Zunge gelähmt worden, da erinnerte er sich daran, dass der Böse sich vor dem Feuerstein und Stahl fürchtet. Er nimmt leise aus der Tasche den Feuerstein und Stahl, kaum hatte er einen Funken geschlagen, als er plötzlich niemand mehr sah." Mithin hat dieser Funken eine grössere Wirkung als der Name Jesu Christi und das Kreuz.

Der Glaube an die heilbringende Kraft des Feuersteins und -Stahls, so wie aller eisernen Geräte und Waffen und einiger Steine ist bei den Armeniern noch sehr stark. Er spielt im täglichen Leben, besonders aber bei der Geburt, Hochzeit und Krankheit u. a. eine grosse Rolle. Hier seien nur einige diesbezügliche Fälle hervorgehoben: Um sich

[1]) Vgl. E. H. Meyer, Germ. Myth. S. 209.

beim Gewitter vor dem Blitze zu schützen, bewaffnet man
sich mit den Blitzsymbolen, man hält mit der einen Hand
einen Stein auf dem Kopfe und mit der anderen eine Nähnadel in den Zähnen und wiederholt: *բարագլուխ, երկաթա-*
կերիք, „steinköpfig und eisenzähnig" (vergl. oben S. 85). Dadurch werden die Bösen, die etwa bei dem Sprechenden
Zuflucht genommen haben, vertrieben. Das thut man auch
bei dem ersten Donner (EZ. II. 220), damit es nicht hagele,
und überhaupt beim Hageln: denn der Hagel gilt auch als
eine Waffe Gottes, wodurch dieser die Bösen verfolgt. Wenn
man im Felde ist und es hagelt und man keinen Stein und
kein Eisen bei sich hat, nimmt man die Hagelkörner und
wirft sie nach hinten, um dadurch die Bösen von sich zu
vertreiben. Man setzt beim Hageln und beim Gewitter alle
eisernen Geräthe dem Regen und Hagel aus, damit er
aufhöre.

Eisen und Stahl gelten auch immer als Schutzmittel
gegen die dämonischen Einwirkungen. Man trägt Armbänder und Ringe von Stahl und führt Feuersteine mit
sich, besonders wenn man allein in unbewohnten Orten verweilen muss, da die bösen Geister auch am Tage jemandem
erscheinen, wenn er allein ist. Eine solche Wirkung gegen
die Bösen hat auch *կապույտ ուլունկ,* eine blaue Glasperle,
die man in den Kleidern eingenäht trägt. Man lässt bei
bestimmten Hautkrankheiten auf die Kranken Funken
spritzen, um sie zu heilen. Ganz besonders sind die Neu-
vermählten bei und nach der Hochzeit den bösen Einwirkungen ausgesetzt, daher tragen sie ein zugemachtes
Thürschloss oder ein zugeklapptes Messer bei sich. Während der Hochzeit trägt *խաչեղբայր,* der „Kreuzbruder", der
von dem Brautpaare untrennbar ist, ein Schwert, wodurch
er das Paar schützt. Wenn es durch eine Thür hineingeht,
da die Thürschwellen als Verbleibsorte der Geister gelten,
so bekreuzt er die Wand über der Thüröffnung mit dem
Schwert.

Die Blitzsymbole, besonders das Eisen, sind wirksamer,

wenn sie am Freitag oder insbesondere am Charfreitag in Thätigkeit gesetzt werden, oder hergestellt sind (NM. VII. 31). Man kauft Armbänder und Ringe von solchem Stahl, den der Schmied am Charfreitag mit dem Hammer einige mal geschlagen hat. Solche Abwehrmittel, die ապուրք „Arurkʿ" heissen, macht der Schmied nur Freitags, daher heissen sie gewöhnlich ուրբաթապուրք „Freitagsarurkʿ". Er soll auch bei der Arbeit am frühen Morgen aufstehen und ohne zu sprechen die Arbeit anfangen und beendigen[1]). Also gilt der Freitag als ein zauberisch wirkender Tag. Dürften wir vielleicht aussprechen, dass dieser Tag dem alten Gewittergotte gewidmet sein könnte? Daher werden die Freitagsarurkʿ für wirksamer gehalten, wie auch bei den Deutschen die Blitzsymbole am Donnerstag und an den Donar gewidmeten Festtagen wirksamer sind[2]).

Die Dürre und Bräuche während derselben. Bei Dürre glaubt man, dass die Zauberer die den Devs dienen und diesen gleichgesetzt werden, den Himmel oder die Wolken fesseln (SM. 116). Man bemüht sich, mit verschiedenen Mitteln die „Wolkenbande" zu entfernen. Das erste Mittel sind grosse Umzüge an vier Orten oder Bergen auf vier Seiten der Stadt oder des Dorfes. Barfüssig und unbedeckten Kopfes führt man oft in diesen Zügen die Reliquien eines Heiligen mit, die man von einer heiligen Stätte bringen lässt. Man opfert auch. Das Opfer selbst heisst: ցասման հաց, „Brod des Zornes", da man auch glaubt, dass Gott selbst gezürnt hat und nicht regnen lässt. Nebst diesen Bräuchen, die heidnisches enthalten können, aber für christliche gelten, werden auch andere Bräuche voll-

---

[1]) Von dieser Schweigsamkeit des Schmiedes ist auch das Wort ուրբաթախօս „der am Freitag spricht" gebildet, wie man denjenigen ironisch nennt, der nichts oder sehr wenig spricht. Ein altarmenisches Zauberbuch heisst ուրբաթագիրք „Freitagsbuch" und seine Anhänger heissen ուրբաթատեսք oder ուրբաթալէզք „Freitagsseher" oder „Freitagslecker" (AAG. S. 408).

[2]) E. M. Meyer, Germ. Myth. 209.

bracht, die nicht in die Kirche eingedrungen sind. Man bringt von irgend einer heiligen Stätte, ohne ein Wort zu sprechen, einen Stein und führt ihn auf die Felder, im Glauben, dass es regnen werde (Araratian A. in der Dichtung „Dürre"). Der Stein ist gewiss ein Blitzsymbol. Auch andere Völker haben einen ähnlichen Glauben, dass Donner und Regen entstehe, wenn man gewisse Steine bewege[1]). Ein anderes Mittel, um Regen zu bekommen, ist es, dass man etwas zauberisches auf einen Stein schreibt und diesen ins Wasser wirft (SM. 116). Aber lieber gräbt man aus den Gräbern einen Schädel aus und wirft ihn in ein fliessendes Wasser, oder opfert ein Schaf und wirft dessen Kopf in den Strom. Man wirft auch die Frau eines Priesters ins Wasser und begiesst sie.

Überreste eines Kultus finden sich ferner in der auch bei anderen Völkern vorkommenden Sitte, den Pflug in den Fluss zu führen. Das thun die Mädchen und Frauen, von denen die älteste, oder die Frau des Priesters (EZ. I. 359) die Kleider eines Priesters anzieht und den Pflug führt. Die anderen kleiden sich auch als Männer, spannen sich vor den Pflug und ziehen ihn durch das Wasser gegen den Strom. Eins der verbreitetsten Mittel ist der Umzug des Nurin, den gewöhnlich die Kinder veranstalten. Es ist die bekannte Sitte, die sich unter anderm auch bei den Griechen und Slaven findet. Man kleidet einen Besen oder ein Stück Holz wie ein Mädchen, bildet eine Figur und führt sie an den Händen von Haus zu Haus. Vor jedem Hause singen die Kinder ein Lied, dessen eine Variante ist (NM. VI. 107):

„Nurin, Nurin ist gekommen,
Das Wundermädchen ist gekommen,
Sie hat von Schila (roter Stoff) ein Hemd angezogen,
Sie hat einen roten Gürtel umgebunden.
Bringt Wasser, auf ihren Kopf zu schütten,
Bringt Butter, das Haar zu bestreichen.

[1]) E. H. Meyer, Indg. Myth. II. 539.

Lass es segensreich regnen,
Eurer Väter Felder grün werden.
Gebt unserer Nurin ihren Anteil,
Und wir wollen essen und trinken und lustig sein.“

Man fragt dann die Kinder: „Wollt ihr aus der Thüre
oder aus dem Dachfenster haben?“ (EZ. I. 360). Wenn sie
aus der Thüre wollen, giesst man aus dem Fenster Wasser
auf Nurin, dagegen aus der Thüre, wenn sie aus dem
Fenster wollen. Man giebt den Kindern Butter, Eier,
Reis u. a. und die Kinder setzen ihren Umzug fort. Nachher tragen sie Nurin in den Fluss, wo sie ins Wasser geworfen wird. Man setzt zuweilen der Nurin einen Schweins-
oder Bockskopf auf und bedeckt sie mit Zweigen.

Da der Regenspender oder Ирудр բաբա, der „Vater
Donner oder Donnerer“[1]) in den Höhen wohnt, so ist auch
sein Kultus gewöhnlich mit Bergeshöhen verbunden. Viele
Bergeshöhen werden vermutlich auch in Armenien als der
Sitz des Donnerers und Regenspenders für heilig gehalten;
denn die Felsen und Bäume überhaupt, die vom Blitz getroffen sind, gelten als heilig. An solche Höhen knüpfen
sich Lokalsitten und Sagen, die leider noch nicht gesammelt sind. Im Gau von Varanda (EZ. II. 191) ist bei
einer heiligen Stätte ein Felsen mit einem Loche. Die
Frauen zünden bei Dürre auf diesem Felsen Kerzen an,
giessen Wasser in das Loch, damit es regne. In demselben
Distrikte giebt es einen anderen Felsen, auf welchen man
bei der Trockenheit auch Wasser giesst und Milchspeise
als Opfer kocht. Der Felsen gilt als heilig, und man fürchtet
sich, seine Spitze zu betreten; denn der Felsen bestraft
dafür. Ein dritter Felsen sendet nicht nur Regen, sondern
macht ihn auch aufhören, falls er zu lange dauert. Um
letzteres zu erreichen, macht man unter dem Felsen Feuer.

Ein Überrest der Darbringung an den hagelnden Donnerer

---

[1]) So heisst der Donner in Hayoç-ĵor, in der Nähe von Van. Mit-
geteilt von meinem Neffen, H. Artasches Abeghian.

ist es auch, dass man beim Hageln Salz in die Luft streut,
damit der Hagel sich in Regen verwandle (EZ. I. 360).
Ebenso der Brauch, die Knochen eines Tieres, das am selben
Tage geopfert wurde, (ursprünglich wohl beim Hageln dem
Gewittergott dargebracht wurde), in den Hof unter den
Hagel zu legen. Zu demselben Zwecke setzt man auch die
Schale der Ostereier dem Hagel aus (EZ. II. 244).

IX.
Der Windgeist.

Von einer Verehrung und Anbetung des Windes ist bei
den alten sowie bei den neuen Armeniern nichts bekannt.
Aber es ist anzunehmen, dass der volkstümliche Heilige,
Surb-Sargis, die Personifikation des Windes und ein Stell-
vertreter der alten Windgottheit ist. Sein Wesen verrät
ganz deutlich seine heidnische und physische Herkunft.

In dem armenischen Kirchenkalender kennt man keine
Fasten im Namen von Surb-Sargis. Aber das Volk benennt
nach ihm die fünftägigen Fasten, die gewöhnlich im Februar,
in die Zeit der Stürme und des Schneegestöbers in den armenischen Hochländern, fallen. Während der Fasten darf
man bei den Armeniern alle Pflanzenspeisen essen, aber
während der Fasten von Surb-Sargis essen die jungen Leute
fünf Tage lang gar nichts oder nur abends ein kleines Stück
Brot. Diese besondere Art des Fastens spricht schon für
die Beliebtheit des Surb-Sargis, der als Windgott Enthaltsamkeit verlangt.

Sein Windcharakter ist in einigen Bräuchen und Sagen
ganz deutlich erkennbar. Während der Fastenzeit ziehen viele
Leute sich Haare aus und geben dieselben betend dem Winde
preis in dem Glauben, dass Sub-Sargis mit ihren Haaren

zugleich ihre Krankheiten wegtragen würde (EZ. II. 251).
Also wird Surb-Sargis mit dem Winde identificiert. Er
erhebt Winde und Schneegestöber und ist als Windgott,
wie die iranischen Windgötter Vayn und Vâta[1]), manchmal böse, manchmal gut. Er erstickt mit seinem Schneegestöber die Menschen, aber gewöhnlich nicht die Armenier,
sondern die Griechen und Georgier, die ihn nicht als einen
Heiligen anerkennen oder früher nicht anerkannt haben.
So erzählt man: Ein Grieche (oder Georgier) wird auf
seinem Wege von einem Schneegestöber überrascht. Er ruft
den Surb-Sargis an und bittet ihn, seiner zu schonen, gelobt
zum Danke ein paar Kerzen. Surb-Sargis gebietet dem Sturm-
wind und dem Schneegestöber aufzuhören, und der Grieche
reitet unversehrt nach Hause. Er lässt sein Pferd im Hofe,
tritt in das Zimmer und sagt seiner Frau: „Frau, ich habe
den Surb-Sargis betrogen. Er hat mich vom Schneegestöber
befreit, aber ich werde ihm nie die zwei Kerzen weihen,
die ich ihm versprochen habe.“ Er geht dann hinaus, um
sein Pferd in den Stall zu führen, aber plötzlich erhebt
Surb-Sargis im Hofe selbst ein Gestöber und erstickt
den Mann.

Surb-Sargis ist besonders feindlich gegen die Kurden
gesinnt, obgleich einige kurdische Stämme ihn nicht minder
verehren als die Armenier. Sie verehren ihn aber nicht aus
Liebe, sondern aus Furcht. Alle Art Arbeit und geschäft-
liche Thätigkeit wird bei diesen Kurden an seinem Festtage eingestellt. Sie glauben, wenn sie seinen Feiertag ent-
heiligen, so würden sie in dem Jahre von Schneegestöber
überfallen und wenn sie an diesem Tage aus dem einen
Dorfe nach dem anderen gingen, würde Surb-Sargis, den
sie խրդըր Նաբի, Chədər Nabi nennen, einen starken Sturm
senden, in einer Minute den bis dahin klaren Himmel be-
wölken und ein solches Schneegestöber erregen, dass man

---

[1]) Spiegel, Eran. Alth. II. 104.

nur durch ein Wunder sich retten könnte (Arjagank' 1895.
N. 18). Die Gefrässigkeit der Winde und die Windfütterung
sind bei den indogermanischen Völkern weit verbreitet.
Die Winde werden mit Mehl gefüttert. um sie zu be-
gütigen [1]). Bei Hochzeiten opfert man den Winden und
sucht sie gütig zu stimmen, damit sie während der Hochzeit sich ruhig verhalten. Die Windgottheiten treten selbst
als Festteilnehmer auf [2]). Bei den Iraniern wird der Windgott Vayn besonders von den Mädchen angerufen, denn er
hat die Macht, ihnen „Freier und Männer zu verleihen" [3]).
In der germanischen Mythologie zieht der Sturmgott selbst
mit einem Weibe, der Windsbraut oder der Windhure, ein-
her, wie z. B. der wilde Jäger zusammen mit einer Frau
und Wuotan mit Holda [4]).

Wenden wir uns zu dem armenischen Surb-Sargis, so
sehen wir, dass er alle diese Merkmale aufweist. Zunächst
tritt — wenn nicht er, so seine Braut — als sehr gefrässig
auf. Sturm und Schneegestöber werden von ihm meistens
um ihrer Gefrässigkeit willen erhoben, wenn man sie nicht
zu befriedigen sich befleissigt hat. Die Fütterung von
Surb-Sargis kommt in etwas verschwommener Form in
zweierlei Weise vor. Die unverheirateten jungen Leute,
insbesondere die Mädchen, dürfen nicht gefrässig sein. Sie
dürfen nicht mit einem Füllöffel essen und nicht alles, was
auf ihrem Teller ist, rein aufessen. Sie sollen vielmehr
etwas im Teller zurücklassen, damit Surb-Sargis zu ihrer
Hochzeit nicht Schneegestöber erhebe. Ein Sturm und
Schneegestöber bei der Hochzeit ist ein Zeichen seiner Un-
zufriedenheit und der Gefrässigkeit des jungen Ehepaars.
Dies gilt für dasselbe als eine Schande. Dagegen schätzt
man sich glücklich, wenn die Hochzeit an dem Festtage

[1]) E. H. Meyer, Indg. Myth. II. 468. 527. I. 183.
[2]) E. H. Meyer, Indg. Myth. I. 220. II. 485.
[3]) Spiegel, Eran. Alt. II. 102.
[4]) E. H. Meyer, Germ. Myth. 247.

des Surb-Sargis bei klarem Himmel gefeiert wird. Im Sommer und Frühling dagegen erhebt Surb-Sargis bei der Hochzeit eines Gefrässigen Wind und bringt Regen. Er wird sonst auch, wie die Sturmgottheiten überhaupt, mit Gewitter und Hagel in Verbindung gebracht. Um das Hageln aufhören zu lassen, muss ein alter Mann oder eine alte Frau das Weizenmehl in alle Winde streuen. welches in der Fastenzeit des Surb-Sargis geröstet und gemahlen wurde (FZ. II. 243).

Ganz besonders wird Surb-Sargis an seinem Feste gespeist. Man mahlt überall in Armenien am letzten Fasttage gerösteten Weizen. Das Mehl. das փոխինդ genannt wird, mischt man mit Traubensaft zu einem Teig und geniesst diesen. Man setzt dieses Mehl oder diesen Teig auf ein Brett hinter das Hausthor oder auf das Dach dem Surb-Sargis hin. Die Grossmutter. die das gewöhnlich vollzieht, verrichtet Gebete dabei: „Möge ich dein Opfer sein. o schimmelberittener Surb-Sargis. der du immer zur rechten Zeit zu Hilfe kommst. Komm und betrete dieses Mehl mit dem Hufe deines Pferdes" (HB. 67).

In dieser Nacht. glaubt man. entführt Surb-Sargis seine Braut. ein ռում ի աղջիկ. römisches Mädchen (Byzantinerin) hinter sich auf dem Sattel seines Schimmels. Eine mit Quasten geschmückte Lanze in der Hand. mit dem Filzmantel auf dem Rücken durchstreift er ganz Armenien. „Sein Ross schnaubt Nebel und Wolken. welche sich in Schneeflocken verwandeln. Von dem Hufschlage seines Rosses erbebt die Erde. und das Spiel seiner Lanze wirbelt wirres Schneegestöber auf' (FZ. II. 251). Mit seiner Braut besucht er alle armenischen Häuser. um sein փոխինդ, Mehl zu besehen. Bei dem Anblicke desselben erfreuen sie sich und er befiehlt seinem Rosse, mit dem Hufeisen eine Spur in das Mehl hineinzudrücken. Die jungen Leute. besonders die Mädchen. essen in dieser Nacht vor dem Schlafengehen salzige Klösse. um von Wasser zu träumen. Surb-Sargis ordnet an. dass die vom Schicksal vorausbestimmten zu-

künftigen Lebensgenossen den Durstigen im Traume Wasser
reichen[1]), oder bestimmt selbst die zukünftigen Ehepaare
und ihr Glück und Unglück. Die Jungen versuchen an
seinem Feste auch auf andere Weise ihre Zukunft zu erforschen. Man setzt z. B. ein Stück von der Mehlspeise auf
das Dach und wartet, bis eine Krähe es auf ein anderes
Dach trägt. Wenn unter dem letzteren ein Bursche steht, so
ist er der Bräutigam.

Die iranische Luftgottheit Vayn zeichnet sich durch
ihre Schnelligkeit und Stärke aus: „Darum ist sie vorzüg-
lich in Bedrängnissen und beim Zusammentreten der
Schlachtreihen anzurufen, aber auch den Gefesselten und
Gefangenen ist sie förderlich." Sie besitzt schöne menschen-
ähnliche Gestalt mit Lanze, goldenem Helme und goldener
Rüstung, glänzendem Wagen und leuchtenden Pferden[2]).
Der armenische Surb-Sargis hat alle diese Kennzeichen,
mit Ausnahme des Wagens, der überhaupt sehr selten in
den armenischen Sagen vorkommt, weil Wagen bei der ge-
birgigen Beschaffenheit des Landes keine Schnelligkeit besitzen. Schnell wie der Gedanke erscheint er auf seinem
leuchtenden Rosse, wenn er in der Not angerufen wird.

In einer Sage (TT. S. 334) wird erzählt: Ein armer
Sänger verliebt sich in die Tochter eines reichen Mannes.
Auch sie liebt ihn, ihr Vater aber bewilligt ihre Heirat
nicht und gedenkt sie mit einem andern zu verehelichen.
Der junge Sänger geht in die Welt hinaus, um sich Reich-
tümer zu verschaffen, und sagt bei dem Abschied zu ihr:
„Wenn ich nach sieben Jahren nicht zurück bin, so bist du
frei und kannst den anderen heiraten". Nach sieben Jahren
wird er auf der Rückkehr aufgehalten und hat am letzten
Tage noch einen Weg von mehreren Tagen vor sich. In
seiner Verzweiflung ruft er Surb-Sargis an. Dieser erscheint

[1]) Vgl. den Glauben bei den Neugriechen in der Zeitschr. des Vereins für Volkskunde, 1892. II. S. 285 ff. „Zur volkstümlichen Mantik der
heutigen Griechen" von A. Thumb.
[2]) Spiegel, Eran. Alt. III. 103.

7 *

sofort, nimmt ihn auf sein Ross und sagt zu ihm: Mache
deine Augen zu! Er macht sie zu. Da reitet er in der Luft
über die Abgründe und Bergeshöhen schnell wie der Gedanke hin und sagt gleich darauf zu dem Sänger: Mache
Deine Augen auf! Er macht sie auf, sieht sich in seiner
Heimatstadt und heiratet dann seine Geliebte.

Surb-Sargis als Windgeist scheint auch ein Herrscher
über die Wölfe, die Tiergestalten der Nebeldämonen zu
sein. In einer Sage (EZ. II. 252) wird ein Mann auf dem
Wege von Wölfen umzingelt und ruft den Surb-Sargis an.
Weil er seine Fasten stets befolgt hatte, so kommt Surb-
Sargis ihm zu Hilfe und vertreibt mit seiner Lanze die
Wölfe. Auch in „Wolfszaubersprüchen" erscheint er als
ein Herrscher über die Wölfe.

X.
Wasser-, Wald- und Berggeister.

Wie der Wasser- und der Pflanzenkultus in einer engen
Verbindung stehen, so gehen oft die Wasser- und die Waldgeister in einander über. Die letzteren werden auch mit
Berggeistern in Beziehung gebracht; aber weil der Glaube
an solche Geister im armenischen Volksglauben schon im
Verschwinden begriffen ist, so geht zwischen beiden die
Unterscheidung verloren. Oft treten verschiedene Geister-
und Dämonen-Gattungen auch unter einem allgemeinen
Namen „Satan" oder „Böser" auf, die ganz menschlich gedacht werden. Diese Verwischung des Unterschiedes ist
offenbar auch unter christlichem Einflusse eingetreten.

Die Volksphantasie belebt den Grund der Seen, Flüsse
und Quellen mit derselben Scenerie, die sich auf der Erde
befindet. Nur ist alles unter dem Wasser entweder riesen-

haft, oder sehr schön und prächtig: Grosse Paläste von
kostbaren Edelsteinen, Perlen und Korallen, die von allen
Seiten glänzen, erheben sich dort. Auch der Rosengarten
fehlt nicht mit seinen Blumen und Früchten. Die Besitzer
derselben sind die ջրաման. Wassermänner und Հրեղէն
աղջիկներ die feurigen Mädchen.

Feurige Rosse. Eznik schreibt (S. 98): „Wie der
Meeresstier. der, sagt man, von der Kuh geboren wird"...
„nicht von Kühen kann der Meeresstier geboren sein, wenn
er in Seen (Meeren) wohnt". Weiter heisst es: „Der eine
sagt: in unserem Dorfe hat der Meeresstier eine Kuh ge-
deckt." Denselben Glauben haben bis heute die Armenier.
Viele Quellen, besonders Flüsse und Seen gelten als Wohnstätten mythischer menschen- und tiergestaltigen Wesen,
die feuriger Natur sind und auch Հրեղէն (hrelēn) „feurig"
genannt werden.

Von tiergestaltigen Wesen sind jetzt aber die feurigen
Büffel und ganz besonders die feurigen Rosse hervorzu-
heben. Sie wohnen gewöhnlich in Seen, treten oft aus dem
Wasser heraus und kreuzen sich mit anderen Tieren der-
selben Gattung. Alsdann kommen ganz weisse, fleckenlose
Füllen zur Welt (SGG. 76. SMH. 36).

Die feurigen Rosse sind die Lieblinge der armenischen
Sage; sehr berühmt ist das feurige Ross քուռիկ Ջալալին,
das Füllen Jalalin. im Volksepos „die Helden von Sasun",
das der Heldenahn, der meergeborene Sanassar, vom Meer
erwirbt. Es vererbt sich im Hause und ist jetzt, glaubt
man, mit dem unsterblichen Məher in eine Berghöhle in
der Nähe von Van entrückt. Man findet feurige Rosse auch
in den Höhlen der Devs.

Im Epos erwirbt Sanassar sein Ross in folgender Weise:
Als Knabe flieht er mit seinem Bruder vor dem König von
Bagdad, der beide seinem „grossen Götzen" opfern will.
Sie kommen ans Ufer eines Sees. Da sagt der ältere Bruder
Sanassar zu seinem Bruder Baghdassar: „Es wäre besser,
dass wir uns ins Wasser würfen, als zu dem König, dem

Götzenanbeter zu gehen, der uns seinen Götzen opfern wird". Der jüngere Baghdassar wagt es nicht zu thun, aber Sanassar warf sich ins Meer. Da öffneten sich die Wellen und zogen sich zurück, und Sanassar ging unter das Meer hinab in einen Garten. Dort sah er ein gesatteltes Ross, worauf das Blitzschwert hing. Als er es bestieg, fragte ihn das Ross: _ոզածին, "Erdgeborener, was hast du vor?" "„Ich will dich reiten."" „Wenn du mich reiten willst, wirst du dich auf meinem Rücken halten können?" „„Ja!"" „Ich werde dich aber bis zur Sonne erheben und verbrennen", sagte das Ross. „„Ich bin Ծովային, der Sohn des Meeres"", erwiderte Sanassar, „„und es wird nicht schwer sein, mich unter deinen Bauch zu flüchten"". „Dann werde ich dich zur Erde in den Abgrund schleudern und töten". „„Ich bin der Sohn des Meeres, ich werde gleich wieder auf deinem Rücken sein"". — Alles geschieht, wie es in diesem Zwiegespräch angedeutet ist. Da erkannte das feurige Ross Sanassar als seinen Meister und sagte zu ihm: „Ich bin dein Pferd, und du bist mein Herr".

Die Hənark' (Mittel, Erfindung, Geschick, Fertigkeit, im Altarmenischen auch Ränke, Hinterlist), wie ihr Name zeigt, sind sehr geschickt, besonders prachtvolle Brücken zu bauen. Sie erscheinen auch als boshafte, hinterlistige Wesen; sie verstecken sich unter den Brücken und wenn jemand im Dunkeln darüber geht, ziehen sie ihn ins Wasser hinein, besonders die Kinder. So glaubt man auch, dass die Hənark' den կովուն schlagen, der sich in der Abenddämmerung oder in der Nacht über das fliessende Wasser beugt, um zu trinken. Sie erscheinen auf Pferden sitzend, die im Flusse badenden Knaben schlagen sie mit der Hand auf den Rücken und ziehen sie unter das Wasser. Daher sagt man sprichwörtlich: „der Fluss ruft Tag und Nacht zu Gott. auf dass er solche sende, die nicht schwimmen und baden kämen, denn die Schwimmer sieht er schon als seine Beute an" (NM. VII. 78).

Mit ihrem boshaften Charakter verlieren die Hənark'

auch ihre jungfräuliche Schönheit und erscheinen nunmehr
als * çnh ұшп ші,* „Wasseraltweiber" oder den bösen Geistern
ähnliche Wesen, nehmen auch halbtierische Gestalten an
oder erscheinen abwechselnd als Mensch und Tier, insbesondere als Schlangen (NM. VII. 26. EZ. I. 340). Einen
solchen Glauben finden wir bei Eznik von dem fabelhaften
Wassertiere Nhang: „die Nhangen erscheinen in verschiedenen Gestalten" (S. 102). „Sie würde nicht zuweilen in
Frauengestalt erscheinen, und zuweilen zu einem Seehund
werden und den Schwimmer an den Füssen fassen und er-
tränken" (S. 106). Aber man glaubte, dass der Nhang *шЬй-
ұшіпр{* (S. 102, 103) persönlich, d. h. menschengestaltig sei,
wie man auch jetzt von diesen fabelhaften Wesen glaubt,
dass ihre eigentliche Gestalt die des Menschen ist. Diese
Wesen töten gewöhnlich die Schwimmer, zuweilen jedoch
ziehen sie dieselben nur deshalb unter das Wasser, um mit
ihnen Liebschaften anzuknüpfen.

P'aris und Yaverżaharsunk'. Diese „feurigen
Mädchen" wohnen nicht nur im Wasser, sondern sie verweilen auch sehr gern auf dem Lande, in grünen Wäldern,
Wiesen und auf schönen felsigen Flussufern, wo sie aus
der Quelle und dem Flusse heraustreten, auf einem Felsen
sitzen und ihre goldenen Haare kämmen (EZ. I. 338). Sie
sind sehr schön, von herrlichem Bau, mit blonden oder
roten Haaren, die bis zu den Füssen herabhängen, in Locken
lose auf die Schultern fallen und den ganzen nackten Körper
umhüllen. In ihren grossen himmelblauen Augen (sie haben
keine schwarzen Augen) glänzen Sonnen, und aus ihren
Antlitzen strahlt das Licht. In solchen Gestalten erscheinen
sie oft den jungen Hirten, die, von Liebe erfasst, ihnen
nachlaufen, um sie zu haschen. Aber vergebens, denn mit
ihren kleinen Füssen laufen sie so leicht, dass sie den Boden kaum berühren, oder, wie es in einer Sage heisst: „dass
unter ihren Tritten das Gras weiter wächst". Sie befördern
auch das Gedeihen der Wiesen (SM. 88). Wenn sie die
Strahlen des Morgensternes oder des Mondes sehen. ver-

lassen sie ihre Wasserwohnungen und kommen als schöne „Brautjungfern" in unzähligen Scharen überall in die Wälder, Berge, Felder, Dörfer und Städte, laufen überall umher und besprengen die Pflanzen mit Tau. Ihr Antlitz glänzt in den grünen Gewächsen wie ein Frühlingsmond, und wenn sie durch ihren kleinen rosigen Mund hauchen, geht ihr Hauch durch die Gräser als honigsüsser frischer Morgenwind.

Die Pʿaris schliessen mit Menschen sehr gern eheliche Verbindungen. Man glaubt ganz fest daran und verschiedene Sagen werden erzählt, in denen Pʿaris Männer zu sich unter das Wasser ziehen und sich mit ihnen vermählen. Die bekannte Sage von der Vermählung zwischen einer Wasserjungfer und einem Mann findet sich auch bei den Armeniern: Eine Pʿari tritt mit einem Mann in Verbindung, unter der Bedingung, dass er es niemandem sage. Sie leben lange Zeit zusammen, aber der Mann hält nicht sein Wort und die Pʾari entfernt sich. Erst auf seinem Sterbebette sieht er sie mit seinen drei Kindern wieder (EZ. I. 339).

In Märchen und märchenartigen Sagen kommen auch Pʿaris mit Flügeln, als Tauben oder Rebhühner vor. Sie legen ihre Flügel ab, werden schöne Jungfrauen und baden sich in dem See.

Kʿajkʿ. Von diesen jungfräulichen Wesen, den Yaverżaharsunk, „Immerbräuten", ist gewöhnlich ihr Bräutigam untrennbar. Aber wie sie selbst unter verschiedenen Namen auftreten, so tragen auch diese männlichen Geister verschiedene Namen. Sie heissen am häufigsten Kʿajkʿ. Stellenweise (EZ. I, 340) heissen sie als die Männer von Pʿaris selbst Pʿaris, obgleich dieser Name eigentlich und ursprünglich nur den weiblichen Wasserjungfern zukommt. In anderen Gegenden dagegen, wo der Name Kʿajkʿ sehr gebräuchlich ist, werden die Weiber und Männer als Kʿajkʿ gedacht und Kʿajkʿ genannt.

Die Abstammung von Kʿajkʿ und Yaverżaharsunkʿ ist eine menschliche und wird in folgender Geschichte, die vom

Bischof Aŕak'el aufbewahrt ist, dargestellt: „Einige sagen, dass sie (die Yaveržaharsunk') K'ajk' sind, und erzählen folgendes: Nach der Sündflut wurden Noah ein Sohn, Maniton, und eine Tochter, Astlik, geboren. Als Gott Noah fragte: „Hast du noch einen Sohn oder eine Tochter?" schämte er sich und antwortete: „Nein". Da verwandelten sich die zwei, der Sohn und die Tochter, in K'ajk' und wurden unsichtbar. Deshalb hält man sie für Sterbliche, denn sie werden geboren und sterben. Wer sie sieht, der sieht sie immer mit hochzeitlicher Musik und Tanz" (AAG. S. 208).

Dieselbe Geschichte von der Abstammung von Yaveržaharsunk' und K'ajk' wird noch heute von P'aris (EZ. I. 338) und Čarunk' in verschiedenen Fassungen erzählt. Eine Fassung derselben z. B. lautet: „Von Gott war befohlen, dass Noah und seine Söhne in der Arche rein bleiben sollten. Aber Cham erfüllte den Befehl nicht und ihm wurden in der Arche ein Sohn und eine Tochter geboren. Als das Wasser sich verlaufen hatte, machte Gott die Thüre der Arche auf, und sie traten alle einzeln heraus. Jene zwei Kinder aber wurden aus Scham zurückgelassen. Gott, der an der Thüre stand, fragte: „Ist niemand drin geblieben?" „„Niemand"", antworteten sie. Gott erwiderte: „Wenn doch jemand drin ist, so soll er wesenlos werden." Gleich wurden der Bruder und seine Schwester unsichtbar. Die Mädchen P'aris und deren Männer sind ihre Nachkommen. Sie sind ganz wie die Menschen, nur können sie sich nach Belieben sichtbar und unsichtbar machen."

Obgleich diese solcher Weise menschlicher Abkunft und sogar unter göttlichem Fluche sind, stehen sie doch über dem Menschen. Sie heissen darum oft *մեզանէ լաւբր* oder *մեզէ աղէկնէր*, „die besseren als wir". Wenn man sie den Bösen gleichsetzt und Böse nennt, so zürnen sie und rächen sich.

Die K'ajk' und P'aris erscheinen gewöhnlich zusammen, aber ihr physischer Charakter ist verschieden. Die K'ajk'

wohnen sehr selten im Wasser, gewöhnlich nur auf hohen
Bergen, Felsen und Steinen, wo sie ihre *ապարս*, „Paläste"
haben, in Berghöhlen und Spalten, die oft *քաշքարունեն*,
„K‘ajk‘enhaus", *քաշաքար*, „K‘ajk‘enstein" heissen. Die tiefen
Thäler, die mit dicht belaubten Bäumen bedeckt sind, sind
ihre Lieblingswohnstätten und heissen oft *քաշքաձոր*,
„K‘ajk‘enthäler". Sie sind in solchen Orten, besonders an
steilen Schluchtwänden, Herrscher. Man fürchtet sich sogar,
am Tage allein an Orte zu gehen, die von K‘ajk‘en bewohnt
sind. Das Echo, das man in solchen Bergen, Berghöhlen
und Wäldern hört, ist der Schall ihres höhnischen Nach-
sprechens, daher heisst es *քաշքաձայն*, „K‘ajk‘enschall". Sie
scheinen aber auch ihr Wesen im Luftraume zu treiben;
denn sehr veränderliche kleine Wirbelwinde heissen *քաշքամ*,
„K‘ajk‘enwinde". Der Zug des Windes wird als ihr Hauch
aufgefasst, und wenn jemand von Zugluft sich erkältet und
krank wird, so wird er als von ihnen geschlagen bezeichnet
(NM. VII, 26). Sie verbleiben auch gern unter oder auf
Bäumen, besonders auf Nussbäumen und schädigen den, der
unter denselben schläft. Sie sind aber auch überall zu finden, in der Nähe der Wohnungen oder in denselben, im
Stalle, im Speicher, insbesondere unter Thürschwellen. Die
K‘ajk‘ und P‘aris lieben Geselligkeit und treten in der
Nacht scharenweise auf. Man sieht sie gewöhnlich in Hoch-
zeitszügen: singend, spielend und tanzend ziehen sie mit
der Braut und dem Bräutigam in der Nähe ihrer Berghöhlen, auf Wegen. Strassen umher, bis zum Tagesanbruch,
wenn die *գողու ժամ*, „Diebesglocke" geläutet wird oder der
Hahn kräht. Sie sind ganz nackt, aber die Weiber lieben
es, sich beim Tanzen mit Kleidern zu behängen und zu
schmücken. Deshalb stehlen sie den jungen Frauen die
besten Kleider aus den geschlossenen Schränken, ziehen
sie an, tanzen, belustigen sich, beschmutzen die Kleider
und bringen sie gegen Morgen zurück. Um sie zu hindern,
die Kleider zu stehlen, stecken die Bäuerinnen in ihre
Kleider Nähnadeln hinein.

Sie verlocken und ziehen sehr gern die Männer und die
Frauen in ihre Reigen hinein und zwingen sie zum Mit-
tanzen; aber das gilt als gefährlich; denn sie spielen ihnen
gewöhnlich einen boshaften Streich. Um die Menschen zu
verführen, nehmen sie die Gestalt von Bekannten an und
führen sie in ihre Schar hinein, zuweilen aber auch in die
Wildnis, wo man Gefahren ausgesetzt ist. Man stürzt oft
von Felsen in die Tiefe, erfriert, oder fällt in einen Brunnen
u. dergl. Die Sage von Artavazd bei Mos. Chor. und anderen ist bekannt: Die K'ajk' führen den König Artavazd,
nachdem sie ihn während einer Jagd auf dem Berge Ararat
eingefangen, in eine dunkle Schlucht und fesseln ihn.

Die K'ajk' und Yaveržaharsunk' besitzen keinerlei
Kunstfertigkeit, obgleich sie für vernünftige Wesen gehalten werden. So schreibt der erwähnte Schriftsteller Bischof Arak'el: „Die Yaveržaharsunk' haben wie die un-
vernünftigen Tiere ihr Wissen von Natur, sie können
nicht etwas vergessen. noch etwas lernen". An einer
anderen Stelle heisst es wieder: „Die Yaveržaharsunk' besitzen nicht die Հանճար, Erfindungsgabe, denn sie haben
keine հոգի (Atem) Seele, die der Einsicht fähig wäre.
Und sieh! sie haben Wissen, und was sie wissen, wissen sie
ohne es vergessen zu können, aber sie vermögen auch
nichts Neues zu lernen" (cit. AAG. S. 209). Daher können
sie weder Häuser bauen noch Kleider machen, noch Werkzeuge herstellen. Aber sie lieben die Kunst. Sie stehlen
nicht nur Kleider, sondern wohnen auch gern in unbewohnten Häusern, einsamen Mühlen, alten Schloss- und Kirchen-
ruinen u. s. w. Weil sie selbst keine Musik spielen können,
so rufen sie menschliche Musikanten zu ihrer Hochzeit, so
wie andere Menschen, deren Kunst sie ausnützen, z. B. den
Barbier, um den Bräutigam zu rasieren. Sie belohnen zuweilen solche Männer. In einer Sage, die weit verbreitet ist[1]),

---

[1]) Vergl. Das Holderweib (Elfe alvar) in Kindsnöten, Zt. v. d.
Volksk. 1892. II. S. 13.

rufen sie in der Nacht eine Hebamme, um einem K'aj̈k'en-
weibe, das in Geburtsnöten ist, zu helfen und schenken ihr
als Belohnung Zwiebel und Lauchblätter, die zu Gold werden; wenn man aber ihre Geschenke gering schätzt, so
werden sie nicht zu Gold.

Der physische Charakter der Geburt der K'aj̈k' ist noch
in dem Glauben erhalten, dass die K'aj̈k', wie die süd-
slavischen Vilen[1]), geboren werden, wenn es während des
Sonnenscheins regnet. Man sagt bei solcher Witterung:
die K'aj̈k' gebären, stellenweise sagt man: dass die Wölfinnen
werfen.

Sie stehlen oft den Menschen Kinder, die nachher als
ihre Hirten ihre Herden weiden. Das Wild ist ihre Herde.
Diesen geraubten Kindern verleihen sie die Kraft, ihre Gestalt zu verändern und unsichtbar zu werden. Sie tauschen
aber am liebsten die Kinder um, nehmen die gesunden und
schönen Kinder aus der Wiege, wenn diese mit keinem Abwehrmittel beschützt sind, und legen dafür ihre kranken
und hässlichen Kinder, die gewöhnlich nicht leben, hinein.
Die Geschichten und Zaubereien über solche Wechselbälge
sind sehr verbreitet und verschiedenartig[2]).

Von den K'aj̈k' erzählte man im Mittelalter (AAG.
S. 194), dass sie Kämpfe führen, das Wild jagen, das Ge-
treide von den Tennen wegholen und den Wein aus den
Gefässen abzapfen. Die letztern Züge gehören auch zu den
Višaps. Jetzt glaubt man, dass sie am liebsten խաւիծ
(Chavic), eine Mehlspeise von Mehl, Butter und Honig, oder
Weintrauben-Confiture, Հալուայ (wieder eine solche Speise)
und գաթայ (einen Kuchen) essen (vgl. EZ. I. 325). Wo
man solche Speisen kocht oder bäckt, da sind sie bereit,
um den schmackhaftesten Teil zu stehlen. Die Köchin, wenn
sie solche Mehlspeise nicht gut zubereitet hat, schreibt die

---

[1]) Krauss, Volksgl. u. rel. Brauch der Südslaven. S. 73.
[2]) Dieser Glaube ist alt. Moses Chor. erwähnt über Artavazd, dass
das վիշապազունք Drachengeschlecht das Kind Artavazd gestohlen und
an seine Stelle einen Dev gelegt habe.

Schuld daran immer jenen zu. Um sie zu entfernen, sagt sie
den Kindern eine Fabel, z. B. Man führt draussen den Büttel,
um ihn zu schlachten. Die Kʿajkʿ hören es, glauben daran
und neugierig es zu sehen, lassen sie Kuchen und Speisen
stehen und eilen hinaus. Sie essen lieber, was die Menschen
gemacht haben, kochen aber auch selbst Chavie. Sie setzen
einen Kessel auf das Feuer, gehen um ihn herum mit den
Worten; „die Butter und das Mehl des Hartherzigen sei
darin“, und in den Kessel fällt die Butter und das Mehl
aus der Küche derjenigen, die trotz ihres Besitzes sie den
Bedürftigen verweigert haben. Sie schlachten auch bei
ihren Hochzeiten ein Rind (NM. VII. 29), braten und essen es,
und gegen morgen legen sie Haut und Knochen zusammen
und das Tier geht gesund nach Hause. Nur ein Fuss desselben bleibt gewöhnlich lahm, da der Musikant oder Ra-
sierer, der zu ihrer Hochzeit gerufen ist, und mit ihnen
isst, einen Knochen stiehlt, um die Identität des Tieres zu
prüfen. Diese Sage ist eine der ältesten und verbreitetsten,
die auch von deutschen Elben und indischen Rbhus erzählt wird [1]).

Die Kʿajkʿ quälen oft im Stalle die Pferde, sie setzen
sich auf dieselben und treiben sie so lange umher, dass man
sie morgens oft in Schweiss und ermattet findet. Wenn
man die Pferde mit Teer bestreicht, so bleiben die Kʿajkʿ
darauf kleben und sind gefangen. Man kann auch einen
Kʿajkʿ gefangen nehmen, wenn man eine Nähnadel darauf
befestigt, wodurch der Kʿajkʿ sich nicht mehr unsichtbar
machen kann.

Hier wollen wir eine Sage wörtlich wiedergeben: Einmal in früher Morgenstunde, als die Kirchenglocken noch
nicht geläutet hatten, geht Velum in den Stall, um dem
Vieh Futter zu geben, und was sieht er da? Ein Kʿajkʿ-
mädchen hat das Kleid seiner Schwiegertochter angezogen,
hat sich auf das schwarze Pferd gesetzt und so lange um-

---

[1]) Mannhardt, Germ. Myth. S. 42. 57 ff.

hergetrieben, dass es vom Schwitzen nahe daran war zu
verenden. Dies Mädchen gehörte zu den K'ajk', welche die
Ställe heimsuchen. Sie war ein schönes Mädchen, mit roten
Haaren, die aussehen, als wären sie mit „Henna" gefärbt,
und lose auf die Schultern fielen. Sie sass auf dem Pferde
und flocht die Mähne des Pferdes. Velum nähert sich ganz
leise von hinten und sticht eine Nähnadel in den Rücken
des Mädchens, dann sagt er: „Jesus Christus". Aber das
Mädchen konnte nicht mehr unsichtbar werden. Es
bittet und fleht zu Velum, er möge die Nähnadel wieder entfernen. Aber er hört nicht darauf, fasst es an der Hand und
führt es nach Hause. Man läutet gleich die Kirchenglocken,
aber das Mädchen kann nicht mehr entschwinden. Man
lässt dann ein Armband, Ring und Halsband von Stahl an-
fertigen und legt es ihr an. Das Mädchen muss wie eine
Magd dienen. Aber man sagte, ihre Füsse wären verkehrt,
die Fersen nach vorne und die Fussspitzen nach hinten gerichtet. Schickt man sie irgend wohin und sagt: „Geh und
komm bald zurück", dann geht sie, und man wartet vergebens auf ihre baldige Rückkehr. Sagt man aber: „Geh
und komm etwas spät", so geht sie und kehrt bald zurück.
Als man dies bemerkte, so richtete man sich danach, indem man ihr stets das Gegenteil von dem befahl, was man
von ihr wollte. Eines Tages, als sie im Hause mit einem
kleinen Mädchen allein blieb, sagte sie zu dem Mädchen:
„O weh! Sieh mal was für eine Nähnadel in meinem Rücken
steckt, bitte, zieh sie heraus". Die Kleine that es, auch
Armband, Ring und Halsband lässt sie sich von dem Kinde
abnehmen. Da ist sie frei, schlägt das Kind, das dadurch
von bösen Geistern besessen wird und verschwindet (NM.
VII. S. 31).

Devs. Der armenische Volksglaube kennt keine Zwerge
und Zwergensagen. Die Zwerge heissen աճուճ պաճուճ Ačuč
Pačuč oder աչոչ մաչոչ Ajoj Majoj, welche die Gog Magog
der Alexandersage und die Vājūj Mājūj des Korans sind.
Die Ajoj Majoj, die zu einem Volksstamm gehören, wohnen

am Ende der Welt. Ihre Grösse beträgt eine Spanne. Aber es wird auch erzählt: Die Menschen würden stets kleiner und endlich so klein, dass sie durch das Loch einer Nähnadel durchgehen und verwundert ausrufen würden: „Gott sei Dank! Welch eine grosse Thüre ist es". Dies soll die letzte Rasse der Menschen Ajoj Majoj sein. Alsdann wird kein Mensch mehr leben und das Weltende gekommen sein (SGG. S. 352). Das ist alles, was wir von Zwergen wissen.

Die Riesen nehmen im armenischen Volksglauben eine viel grössere Stelle ein als die Zwerge. Sie heissen Dev. Das Wort ist den Iraniern entlehnt[1]) und ist im Armenischen ein altes und häufig gebrauchtes Wort. Es bedeutet auch böser Geist, Dämon, und wird zuweilen im Sinne von Satan oder Kʿajkʿ gebraucht. Die Riesen-Devs treten meistens in Märchen und märchenartigen Sagen auf und haben keinen bedeutenden Einfluss auf das tägliche Leben, da sie fern von Menschen in ihrem Ֆիւստանան Devenlande oder auf Bergen wohnen und nur als Räuber thätig werden. Sie stehen in engem Zusammenhange mit Višaps (Drachen) und in vielen Märchen vertreten die Višaps und Devs einander.

Im Folgenden wollen wir einige Charakterzüge von Devs aus dem Volksepos hervorheben, die sich auch in Volksmärchen und märchenartigen Sagen finden. Die meisten Züge, die die armenischen Devs haben, sind auch den germanischen Riesen und Yoten gemeinsam[2]).

Die Devs sind als Berggeister menschengestaltige ungeheure, rohe und grobe Erscheinungen, die „so gross sind, wie der Hügel Pol". Wie die Berge oft viele Gipfel haben, so haben auch die Devs häufig zwei, drei oder sieben Köpfe. Ihre Wohnsitze befinden sich in Bergen oder Berghöhlen, so wie in wasserlosen Wüsten, in dunklen Schluchten. Sie treten einzeln oder gruppenweise, je drei, sieben oder vierzig Brüder auf, gehen auf die Jagd, hauen Holz im Walde,

---

[1]) Hübschmann, Arm. Gramm. I, S. 140.
[2]) Mannhardt, Germ. Myth. 170.

thuu alles ¡wie die Menschen, nur in riesiger und grober
Weise. Sie sind auch sehr stark und gebrauchen als Waffen
gewöhnlich Steine, Mühlsteine, oder „wie ein Berg grosse
Steine", welche sie aus der Ferne auf den feindlich ge-
sinnten Heros schleudern. Aber sie fürchten die Heroen
David und Məher, die selbst bergähnliche Riesen sind und
wenn diese sie nicht totschlagen, so verbrüdern sich die
Devs mit ihnen und unterstützen und achten sie. In den
Berghöhlen, im Innern des Berges, haben sie viele Schätze,
Gold, Silber, Edelsteine, kostbare Sachen, sowie auch
feurige Rosse. Alles das bewahren sie auf und gebrauchen
auch nicht die Pferde. Sie rauben gern Rinder und führen
sie in ihre Höhle. Sie rauben aber auch schöne Jungfrauen,
Königstöchter und pflegen ihrer gut, indem sie ihnen alles
verschaffen, was sie wünschen, insbesondere „goldene
Wundersachen", z. B. eine goldene Katze und goldene
Mäuse auf einem Brette, einen goldenen Hasen, der von
einem goldenen Jäger verfolgt wird u. dergl. Dies alles
thun sie, um die Mädchen zu unterhalten und ihre Liebe
zu gewinnen. Dies gelingt ihnen aber nie, denn die Mädchen
halten sie so lange mit neuen Wünschen hin, bis der Heros,
gewöhnlich ein Blitz- oder Gewitterheros, in die Höhle
eintritt, die Devs erschlägt und sie befreit.

Die weiblichen Devs, die gewöhnlich als die Mütter von
Devs auftreten, sind auch wie ein Hügel gross und haben sehr
grosse Brüste, die sie, wie die neugriechischen Lamien, die
Neraiden[1]) über ihre Schultern werfen. Sie bleiben meistens
in Höhlen, kochen, kneten Teig und backen Brot, während
ihre Söhne jagen. Die Mütter sind den Heroen freund-
licher gesinnt, als ihre Söhne. Sie verstecken die Menschen.
Wenn am Abend die Devs von der Jagd zurückkehren,
rufen sie aus der Ferne: „Es riecht nach Menschenfleisch",
wollen den Menschen fressen, nachher verbrüdern sie sich
jedoch mit dem Heros. Es kommen auch schreckliche weib-

---

[1]) E. H. Meyer, Indg. Myth. II. 494.

liche Gestalten vor, die nicht nur die Menschen fressen,
sondern auch die Devs. Eine solche weibliche Dev ist im
Epos die Königin von Aleppo, die von Maher getötet wird.
Die Devs sind immer kindisch naive Wesen oder grosse
Dummköpfe. Obgleich sie sich ihrer Stärke rühmen, ge-
stehen sie doch die Überlegenheit des menschlichen Ver-
standes ein.
Einige armenische Klöster haben, glaubt man, ihre
Devs, die dem Kloster dienen. Berühmt ist der lahme Dev
vom Kloster Surb-Karapet, der die Asche des Klosters
unter die Erde trägt und in der Nähe des Dorfes P'rebat'-
man, das zwei Tage von Surb-Karapet entfernt ist, aus-
schüttet. Davon ist ein grosser Hügel gebildet. In einem
Liede heisst es:

„Surb-Karapet besiegte die Devs,
„Er versammelte sie und setzte sie ins Gefängnis.
„Der lahme Dev aber kam und sagte: Schone mich.
„Setze mich nicht ins Gefängnis,
„Ich werde dein Aschenträger sein,
„Ich werde deine Asche tragen und bei P'rebat'man ausschütten,
„Bis Christus zum Gericht kommt."

(SMH. 105. Sedrakian, Die Leier von Muš und Van. S. 7.)

XI.
Zaubersprüche und böse Geister.

Die Zaubersprüche. welche աղօթ.ք, „Gebete" heissen,
sind bei den Armeniern noch sehr im Gebrauche. Sie sind
entweder schriftlich oder mündlich. Die ersteren werden
von Zauberern auf lange Streifen von Papier geschrieben,
die man gefaltet in dem Kleide eingenäht trägt; die mündlichen Zaubersprüche leben im Munde des Volks selbst und
werden nötigenfalls hergesagt. Zu den schriftlichen Zauber-

3

sprüchen werden auch christliche Gebete hinzugeschrieben, aber die eigentlichen Beschwörungsformeln haben denselben Inhalt wie die mündlichen Volkszaubersprüche. Nur sind die meisten schriftlichen Zaubersprüche in Prosa, die mündlichen dagegen in flüchtigen Versen abgefasst und haben einen altertümlichen Stempel. Sie sind meistens in Dialogen verfasst, oder beginnen mit einem epischen Eingang. Der Inhalt selbst ist oft bis zur Unverständlichkeit entstellt. Die Zaubersprüche sind gegen die bösen Geister gerichtet, die dem Menschen Schaden bringen und Krankheiten erregen. Als solche erscheinen insbesondere die Nachtbösen, die „Alen", welche der Wöchnerin schaden, die Grol und Krankheitsgeister und der böse Blick.

Wolf und Wolfsgebete. In den vorhergehenden Abschnitten sind die Nachtbösen, die in menschlichen und tierischen Gestalten erscheinen, geschildert worden. Hier wollen wir etwas näher über den Wolf berichten; denn der Wolf nimmt im armenischen Volksglauben eine hervorragende Stellung ein, und in Zaubersprüchen steht er höher als alle anderen Nachtbösen in Tiergestalten, wie Schlangen, Skorpionen, Frösche u. a. Er ist auch bis jetzt in Armenien das Raubtier, das den meisten Schaden anrichtet, daher ist von seinem Namen das Beiwort Raubtier in Zaubersprüchen untrennbar.

Der Wolf tritt als ein Dämon auf und wird den menschengestaltigen bösen Geistern gleichgesetzt. „Der Wolf frisst die Bösen", heisst es in einer Sage, „würde er sie nicht fressen, so würden sie die Welt verderben; aber jeder Böse frisst auch alljährlich einen Wolf, und daher wird die Zahl der Wölfe auf der Welt vermindert, sonst könnte man sich nicht mehr retten vor all' den Wölfen" (NM. VII. S. 34). Der dämonische Wolf hat auch zuweilen zweifüssige Gestalt. Daher beschwört man ihn in Zaubersprüchen, dass er an den zwei grossen Zehen und den acht übrigen Zehen gebunden werde. Wie bei menschengestaltigen Dämonen sind seine Fussspitzen nach hinten gerichtet und die Fersen

nach vorne. Der Blitz vernichtet mit allen Dämonen auch
die Wölfe, deshalb sind die Blitzsymbole Feuerstein und
Stahl, besonders wenn man Funken sprühen lässt, eine Abwehr gegen die Wölfe. Der Feuerstein selbst heisst auch
 գայլախաղ, „Wolfzerreisser" oder auch „-verbrenner".
Die Wolfszaubersprüche heissen գայլկապի աղոթք, „Gebete der Wolfsfesselung". Sie werden gewöhnlich dreimal
ausgesprochen und beim Aussprechen werden verschiedene
Zaubermittel, Ligatura, vollbracht. Man bindet z. B. einen
Füllöffel mit einem schwarzen Stricke an die Haussäule,
man klappt ein Messer zu. oder man macht sieben Knoten
in die Schnur einer Fussbekleidung, legt diese zwischen
die Zähne eines սանդերք Wollkammes und darüber ein Beil
u. dergl. (NM. VII. S. 134). Kraft der Gebete und dieser
Handlungen, glaubt man, werden die Zunge und der Mund
des Wolfes zusammeugeklebt, seine Zähne fallen aus, die
scharfen Klauen werden stumpf, die Augen erblinden im
Sonnenlichte, er verirrt sich auf seinem Wege u. s. w. Solange man die Ligatura nicht gelöst hat, kann das Raubtier, wenn auch in der Nähe eines Schafes oder anderen Haus-
tieres befindlich. diesem doch nicht schaden. Sieben Tage
lang bleibt der Wolf in solchem Zustande, dann wird er frei
(EZ. II. S. 238). Mit dem Wolfe werden gewöhnlich auch
die Schlangen, Skorpionen, und überhaupt alle Nachtbösen
beschworen. Zwei Heilige, die Jungfrau und Surb-Sargis,
werden am meisten in Zaubersprüchen genannt. Als Beispiel von solchen Zaubersprüchen diene folgendes:

> „Die Mutter Gottes ist auf den Bergen,
> In ihrem Arme ist der Gottessohn,
> Auf ihrem Herzen ist die Lichtsäule,
> In ihrer Hand sind drei Nägel.
> Der eine dringe in das Herz des bösen Satan,
> Der andere in den Mund des Wolfes, des Raubtiers,
> Der in der Nacht umherschweift;
> Der dritte für die bösen Geister,
> Die auf meinem Kopfe umherlaufen.
> Ich habe den Wolf auf dem Berge gebunden,

8*

Den Satan an den unbeweglichen Stein.
Die Bande habe ich mit Nägeln angeschlagen.

(Vgl. SGG. S. 341. LD. S. 11.)

Die Beschwörungsformeln sind verschieden. Die eine z. B. lautet:

„Mit dem Schwanzhaar des Rosses von Surb-Sargis
Binde den Wolf, das Raubtier,
Binde den Skorpion und alle stechenden Tiere,
Binde die Schlange und alle bissigen Tiere,
Binde das mitternächtliche Meer;
Möge sein Mund zugeschlossen werden,
Wenn er über die Grenze tritt:
Wenn er aber die. Grenze verlässt,
Öffne ihm den Mund wieder (LD. S. 10).

In einem Zauberspruche im Dialoge heisst es:

„Der Sohn von Galust
War der Hirt von Christus.
Er sass auf sieben Kreuzwegen,
Weinte und klagte.
„Warum weinst du? warum klagst du?“
Fragte ihn Christus.
„Mein Herr, ich weine, ich klage,
Denn ich fürchte mich vor dem Wolf, dem Raubtier,
Und vor allen Raubtieren,
Die in der Nacht umherschweifen.“
„Geh, tritt zu dem heiligen Simeon,
Nimm die eiserne Kette, die stählernen Schlüssel,
Lege sie dem Diebe an die Füsse, dem Wolf an den Mund,
Und allen Raubtieren,
Die in der Nacht umherschweifen“ (NM. VI. 147).

Werwolf. Der Glaube an Werwölfe ist noch ganz lebendig und tritt unter Umständen noch sehr stark hervor. Mit demselben ist die wirkliche Kindergefahr verbunden. Da man in Sommernächten unter freiem Himmel schläft, so sind die Kinder zuweilen der Gefahr ausgesetzt, von Raubtieren geraubt und gefressen zu werden. Man glaubt aber, dass es keine Raubtiere seien, sondern der mythische Werwolf.

Der *մարդագայլ*, Werwolf, ist ein Mensch, gewöhnlich eine Frau, die sich in eine Wölfin verwandelt hat. Vom Himmel fällt etwas Hagelähnliches für die Wölfe als Nahrung herab; wenn Gott eine Frau bestrafen will, lässt er sie von dieser Wolfsspeise essen. Gleich fällt auch ein Wolfsfell vom Himmel herab, das die Frau anzieht (EZ. II. 226). Sie wird ein Werwolf, ganz ähnlich einer Wölfin, mit grossen herabhängenden Brüsten (NM. VII. 35). Sie zieht nachts das Fell an und schweift mit Wölfen herum, frisst Leichen u. dergl., am Tage aber zieht sie das Fell aus und wird wieder ein Weib. Sie thut es sieben Jahre lang und raubt und verzehrt während dieser Zeit Kinder. Hat sie selbst ein solches, so macht sie mit demselben den Anfang. Sie ist sehr geschickt, thut alles wie ein Mensch. Es giebt keine Rettung vor ihr. Die geschlossenen Thüren öffnen sich von selbst oder sie tritt auch durch die geschlossene ein. Sie rennt wie ein Wind, kann in einer Stunde den Weg einiger Tage zurücklegen, so dass niemand im Hause wissen kann, dass sie sich entfernt hatte. Der Werwolf kann weder durch Dolch noch durch Flinte getötet werden. Das einzige Mittel, ihn vor seinem Zustande zu retten, ist, sein Wolfsfell zu verbrennen. Aber er versteckt es am Tage, und es ist schwer zu finden. Nach sieben Jahren erhebt sich das Fell selbst in den Himmel, und der Werwolf wird ein gewöhnlicher Mensch. Zuweilen bleibt nur ein Zeichen, gewöhnlich ein Schweif, von seinem früheren Zustande übrig (vgl. NM. VII. 35. EZ. I. 370).

Im Volksmunde sind verschiedene Sagen über die Werwölfe vorhanden. Wir führen nur eine Sage an, in welcher die Entstehung der Milchstrasse erzählt wird. Die Göttin Hera tritt in derselben als ein Werwolf auf. Eine junge neuvermählte Frau, heisst es, war zu einem Werwolf geworden. Als sie einmal einem Gast die Füsse wusch, bemerkte sie, dass seine Füsse sehr weiss und zart waren. Sie gefielen ihr sehr. In der Nacht, als alle schliefen, zog sie das Wolfsfell an und kam, um den Gast zu fressen. Der tapfere Gast aber stach mit seinem Dolche in ihre Brust, die Milch der Brust spritzte an den Himmel, und es ist die Spur dieser Milch, die bis jetzt als die Milchstrasse sichtbar ist.

Alen und Geburtsfräulein. Eine Art von bösen Geistern ist insbesondere der Fortpflanzung feindlich gesinnt; sie heissen ܐܠܐ, Alen, und erscheinen in halb tierischen, halb menschlichen, zottigen und borstigen Gestalten. In einem Zauberspruche (AAG. S. 223) heisst der Al geradezu ein böses Tier. Sie werden gewöhnlich mit einem feurigen Auge und kupfernen Krallen, eisenzähnig und mit Hauern eines Ebers dargestellt. In der Hand haben sie ein eisernes Hackmesser. Ihr Wohnort ist draussen auf Bergen, in sandigen Orten. Sie setzen sich gern am Wege auf dem Sande nieder. Von dort kommen sie in die Häuser, wo sie in Ställen, dunkeln Winkeln, oder an der Decke verbleiben. Sie werden gewöhnlich „Männer" genannt, aber es sind beide Geschlechter vertreten und sie vermehren sich wie die Menschen. Die Mutter des Al erscheint oft in Sagen und Zaubersprüchen. Sie haben einen König, der im Abgrunde wohnt. Er ist dort gefesselt oder bis zum Halse mit Blei begossen, und schreit fortwährend.

Eine Sage (EZ. II. 344) meldet: Gott schuf dem Adam den Al als einen Genossen, aber Adam war irdisch und der Al war feurig und sie passten nicht zu einander. Deshalb liebte Adam den Al nicht. Als Gott das sah, schuf er Eva. Seit dieser Zeit ist der Al Eva und ihrem Geschlechte feindlich gesinnt. Er legt dem jungen Paare geschlechtliche Enthaltsamkeit auf, fährt durch die Scham in das Weib und vernichtet die Leibesfrucht. Dadurch wird die Unfruchtbarkeit verursacht.

Die Alen sind der Wöchnerin und dem neugeborenen Kinde am gefährlichsten. In einem Zauberspruche heisst es: „Ich mache die Frauenkinder verwelken, die Milch austrocknen; die Augen verdunkle ich, das Gehirn sauge ich aus, ich mache sie stumm, und das Kind mache ich unzeitig

im Mutterleibe", „ich trete in den Mutterleib hinein, esse
das Fleisch des Kindes, trinke sein Blut und verfinstere
sein Augenlicht". Es heisst auch: „Ich setze mich auf die
Wöchnerin nieder, ihre Ohren vertiefe ich, die Leber ziehe
ich aus und erwürge die Mutter und das Kind. Unsere
Speise ist das Mutter- und Kindesfleisch, und die Leber der
Wöchnerin. Wir stehlen das sieben Monat alte Kind von
dem Mutterleibe und bringen es stumm zu unserem Könige
in die Abgründe". Die Alen scheinen auch Buhlgeister zu
sein, die die Weiber im Schlafe aufsuchen.

Die armenischen Alen gehören zu der Art von Geistern,
zu denen auch die römischen Strigen und Silvanen u. a.
gehören[1]). Die Abwehrmittel sind auch meistens dieselben:
Blitzsymbole und andere Gegenstände, welche die Kraft
haben, die Dämonen zu vertreiben, und Zaubersprüche,
welche „Geburtsgebete" heissen. Die Mutter Gottes als
„Bösenverscheucherin" wird, wie so oft, so auch hier gegen
die bösen Alen angerufen. Ihr Name „Maria" wird als ein
Beschwörungswort während der Entbindung fortwährend
widerholt. In einem „Geburtsgebete" (ZD. S. 3) wird der
Entbindung der Jungfrau in solcher Weise gedacht:

„O selig, o selig die Rosenjungfrau,
Sie hatte das lichtsrahlende Schwert vor dem Gesichte,
Das Messgewand Christi auf ihren Schultern, und gebar den Gottessohn."

Die Bäuerinnen erfüllen alles, was in Zaubersprüchen
beschrieben ist; sie setzen unter das Kopfkissen der Wöchnerin ein Schwert oder einen Dolch und alle anderen
eisernen Werkzeuge und Geräte. Man schlägt während der
Geburtswehen in die Luft, in dem Glauben, dass dadurch
die Alen geschlagen werden. Man schlägt auch über die
Oberfläche des nächsten Baches. da die Alen dort die ge-
raubte Leber auswaschen sollen. Man nimmt einem Priester
den Mantel und wirft ihn auf die Wöchnerin, legt um die

---

[1]) Schwartz, Indog. Volksglaube, S. 198. Mannhardt, A. Wald- u.
Feldkulte 1. 124.

Frau eiserne Ketten u. dergl. (HB. 64). Wenn die Frau
bei der Entbindung in Ohnmacht fällt, befällt eine grosse
Furcht die Anwesenden. Zu dieser Zeit setzt man sogar
das Kind, wenn es schon geboren ist, auf das Dach als eine
Darbringung an die bösen Geister, damit sie sich mit dem
Kinde begnügen und die Mutter schonen (EZ. II. 146).
Dies ist der einzige Überrest der Alenverehrung. Die Mutter
und das Kind gelten bis zur Taufe als unrein und man
vermeidet sie zu berühren, um sich nicht der bösen Einwirkung zu unterwerfen. Als bestes Mittel zur Reinigung
des Kindes gilt das tägliche Baden im Kesselwasser.

Auch zwei Geburtsfräulein und ihr Bruder spielen bei
der Geburt eine Rolle. Sie scheinen auch Schicksalswesen
zu sein, wie sie die indogermanischen und andere Völker
haben. Bei den Armeniern ist nur ihr Charakter als Schick-
salsgottheiten verdunkelt. Die zwei Schwestern heissen
 Չորեքշնոտ, „Vorabend des Mittwoch“, und Ուրբաթամուտ,
„Vorabend des Freitag“, und ihr junger Bruder Կիրամուտ
oder Յիշեկ [1]), „Vorabend des Sonntag“ (EZ. II. 341). Diese
drei werden am Diestag, Donnerstag und Sonnabend Abend
von den jungen Frauen dadurch verehrt, dass diese an
diesen Abenden nach der Vesper nichts thun und sich des
Beischlafs enthalten. Bei der Entbindung beten die Frauen
zu ihnen und sie erscheinen, wenn die Frau sie stets verehrt hat. Der Bruder setzt sich hinter die Thüre und ver-
schliesst sie, erfüllt die Befehle seiner Schwester, bringt
Wasser und was sie sonst verlangen. Die Schwestern aber
beschleunigen die Geburt, wenn die Frau allein ist, baden
das Kind, wickeln es, machen für die Wöchnerin Eier-

---

[1]) Das Wort յիշեկ ist vermutlich die Entstellung von յիշատակ,
„Andenken“. An diesem Abende wird, wie im Manenkultus schon besprochen ist, das յիշեկ oder յիշատակ, das „Andenken der Manen“
mit Weihrauch und Kerzen verehrt. Also wird der Kultus des Geburts-
helfers Յիշեկ mit demselben der Manen identificiert. Es ist ein indo-
germanischer Glaube, dass die Seelen der verstorbenen Familienmit-
glieder bei der Geburt erscheinen, um Hilfe oder Schaden zu bringen.

speise u. s. w. Sie geben auch dem Kinde mit einem Wort-
spiele den Namen und sagen einen Spruch her, durch den
sie dem Kinde eine Gabe verleihen. In einer Sage z. B.
(Ez. II. 341) geben sie dem Kinde den Namen auf folgende
Weise: Die erste Schwester sagt: „Asatur, sei sein Name".
„Astuacatur" (von Gott gegeben), ruft die zweite aus. „Was
es wünscht, sei ihm von Gott gegeben", fügt ihr Bruder
hinzu. Das Kind wächst sehr schnell; die Grossmutter, die
feindlich gesinnt ist, bemüht sich vergebens, es umzu-
bringen, denn die zwei Schwestern und ihr Bruder beschützen es und ihr Spruch erfüllt sich. Sagen solchen
Inhalts sind bei vielen Völkern vorhanden.

Die Geburtsfräulein und ihr Bruder beschützen die
Wöchnerin gegen die bösen Einwirkungen der Dämonen.
In einem Geburtszauberspruche heisst es:

„Es rauscht draussen ein dröhnendes Gerassel,
Geht heraus und seht, wer da kommt!"
— Es kommen drei Reiter auf weissen Pferden,
Mit lichten herrlichen Antlitzen;
Die drei sind in grünen Talaren.
Der eine ist Jesus, der andere Christus,
Die dritte die Mutter Gottes (die Herrscherin) der schwarzen Andaren(?)
Da stiegen sie den Berg hinauf, den Berg hinab.
„Wollen wir dem Engel entgegeneilen, ihn zu grüssen!"
„Unser Herr, wo gehst du mit deinem Gefolge hin?"
„Ich gehe nach dem Hause der Kranken,
Ich will auf das Dachfenster der Wöchnerin steigen.
Ich bringe die Kette, um die Wand zu umschliessen.
Ich will die Hacke (oder Eisenschlüssel) auf die Kissen der Schwester
                                                    werfen,
Auf dass dadurch die Bösen verscheucht würden.
Auf dass das Herz der Schwester in der Brust nicht zittere,
Und ihre Zunge im Munde sich nicht umdrehe."
(Vgl. d. Varianten bei L.D. S. 3. HB. S. 63.)

Diese drei Reiter sind gewiss die drei Geburtshelfer
unter christlichem Namen. Sie erscheinen aber nur bei
derjenigen Frau, von der sie verehrt worden sind.
In einer Sage (EZ I. S. 345) und in einigen schriftlichen

Zaubersprüchen (AAG. S. 222 f.) ertappen Christus oder andere Heiligen, welche die Geburtshelfer vertreten, auf dem Berge jagend oder reitend den Al auf seiner bösen That. Sie binden ihn an den Stein, aber seine Mutter kommt und bittet die Heiligen, ihren Sohn zu befreien. Die Heiligen thun es auch, unter der Bedingung, dass sie derjenigen nicht schaden sollen, die sie anruft.

Krankheitsgeister und der „böse Blick". Die Geister dieser zwei Gattungen werden in Zaubersprüchen zusammen erwähnt und beschworen; denn ihre Wirkung ist beinahe dieselbe. Die Krankheitsgeister heissen ցաւեր, die Krankheiten, zuweilen auch գրողներ, Grols, d. h. Schreiber, wie auch die bösen Todesengel heissen. Sie sind Personifikationen der Krankheiten, Fieber, Pest u. a., kleine Wesen, die dreieckige spitzige Hüte tragen (EZ. I. 298). Sie haben ihren Häuptling, der das Land und Volk kennt, über das Gott seine Hand nicht mehr halten will. Er schreibt die Namen derselben in sein Buch, oder empfängt ein solches von Gott, in dem die Namen der Menschen bereits verzeichnet sind, denen eine Krankheit oder der Tod zugedacht ist. Der Häuptling versammelt seine Grols oder Krankheiten und sucht das Land mit ihnen heim. Jeder Grol hat sein besonderes Gebiet.

Die Grols tragen dreierlei Ruten, grüne, rote und schwarze. Sie schlagen mit der grünen Rute diejenigen, die auf kurze Zeit krank werden, mit der roten die, welche auf lange Zeit bettlägerig werden, und mit der schwarzen die, welche sterben sollen. Von ihren Schlägen nehmen die getroffenen Körperteile eine blaue Färbung an. Wenn jemand plötzlich hinsinkt oder stirbt, so ist er von Grol geschlagen. Cholera, Pest und alle Epidemien sind ihr Werk. Wenn bei einer Plünderung die Menschen niedergemetzelt und die Felder verwüstet werden, so haben sie auch hierin ihre Hand (SM. S. 80).

Die Krankheitsgeister, eigentlich die Grols, werden zuweilen mit Hexen in Verbindung gebracht. Sie sind nicht

blosse Personificationen der Krankheiten. Ihr physischer
Charakter ist am besten aus der folgenden Erzählung einer
Zauberin zu ersehen, die mit den Groľs in Verbindung steht:
„Diese Nacht hatte mich der Häuptling der Groľs zu Rate
gezogen. Kaum hatte er mit der grünen feurigen Rute in
seiner Hand drei mal den Boden geschlagen, da versam-
melten sich unzählige tausende von Groľs. Ihr Versamm-
lungsort war wie das Land von Bagdad: eine flache Ebene
ohne Anfang und Ende, so weit das Auge reichte. Es gab
dort weder grüne Gewächse, noch Vögel und Tiere, nur
schwarze Steine und Berge von Sand. Der Kopf der Groľs
ist oben in den Wolken, und ihre Füsse erreichen die Abgründe unter der Erde. Ihr Gesicht ist schwarz wie die
„Adamsfinsternis". Ihre Lippen hängen bis zu den Knieen.
Ihr Mund ist wie der Vansee, die Zunge wie das Schloss
von Van, und die Nase wie der Berg von Sipon. Ihr
Körper ist borstig wie der eines Schweines, aus jeder Borste
sprüht Feuer und züngeln Flammen heraus. Sie sind ge-
flügelt wie die Vögel und laufen wie ein Mensch. Den einen
Fuss setzen sie in Bagdad auf die Erde, den anderen in
das schwarze Meer; die eine Hand erreicht Frangstan
(Frankreich, Europa), die andere Tschinmatchin (China).
Wenn sie wollen, können sie sich wie ein Floh verkleinern,
oder sich vergrössern und eine schwarze Wolke werden,
die den Himmel und die Erde verhüllt" (SM. S. 79). Der
Wolkencharakter der Groľs tritt in dieser Beschreibung
deutlich hervor.

Der gefährlichste Krankheitsgeist ist das „Böse Auge",
die Personification „des schräg aus den Wolken zuckenden
Blitzes", der als zorniger oder grauser Seitenblick zwischen
den Wolken hindurchzuckt und nicht blos Menschen und
Tieren, sondern allem, was er trifft, Schaden bringt[1]). Die
Augen der Blitzwesen Hrač' und Covinar sind feurig und

---

[1]) Schwartz, Indg. Volksglaube. Von den einäugigen Gewitterwesen
und dem sog. bösen Blick.

verbrennen alles; die Alen schaden auch mit ihrem einzigen feurigen Auge. Das „Böse Auge" aber ist selbst nur die Verkörperung des verderblichen Blitzes; es ist der Blitz selbst als ein Auge des Dämons angesehen[1]). Der Gewittercharakter des „bösen Auges" bei den Armeniern zeigt sich am Anfange eines Zauberspruches: „Da kam das böse Auge und donnerte wie eine Wolke, brüllte wie ein Löwe und schlängelte sich wie eine Schlange" (AAG. S. 385). Im armenischen Volksglauben spielt der „böse Blick" eine sehr grosse Rolle. Er ist ein Dämon, die Verkörperung des Bösen selbst, der überall auf der Welt mit den 666 Krankheiten umherschweift, um den Menschen zu schaden und alles Gute zu verderben. In dem oben erwähnten Zauberspruche sieht ihn Christus oder ein anderer Heiliger beim Umherschweifen und fragt ihn: „Wo gehst du hin, du verfluchter Unreiner, zu dieser bösen Stunde?" Das böse Auge antwortet: „Ich gehe die Menschen in ihrem Werke zu stören, den Ochsen unter dem Joche zusammenbrechen zu lassen, die Euter der Kuh auszutrocknen, das Schaf der Milch zu berauben. Ich will den guten Knaben dahinsiechen lassen, das Kind im Arme der Mutter quälen". Christus bindet dann das böse Auge. In einer Variante dieses Zauberspruchs sagt der böse Blick:

„Ich gehe auf das krumme Gehörn der roten Kuh,
Auf das grosse Gehörn des schwarzen Büffels,
Auf das Beil und seinen Griff,
Auf den Salomon (den König) und seinen Thron,
Auf das Kind in der Wiege,
Auf das Auge des Mannes, seinen Kopf und sein Leben,
Auf das Auge des Weibes, ihre Brust und Haare."

So wird alles: Pferde, Schafe, Mühlsteine, gute Felder und alles gute vom bösen Blick beschädigt, mit Krankheiten heimgesucht oder plötzlich vernichtet.

Das ist die böse verderbende Einwirkung des Ahriman

[1]) Vgl. Darmesteter, Ormazd et Ahriman 122.

auf die guten Geschöpfe von Ormazd, der Blick Ahrimans.
womit er in der Gestalt einer Schlange im Kampfe gegen
Ormazd den Himmel anzieht. Ormazd sagt zu Zarathustra:
„Alors le serpent me regarda, alors le serpent Angra
Mainyu qui est tout de mort, produisit neuf maladies et
nonante et neuf cent et neuf mille et nonante mille maladies"[1]). Diese Reaction des Ahriman, welcher gegen
Ormazd Dämonen und leblose Gegenstände schafft, heisst
paity-āra, contre-mouvement, opposition[2]). Im Armenischen bedeutet dasselbe Wort * խաթեղակ, խայթեղակ, ձեթե-*
ղակել. խաթեղակ աձնուլ gleich *աչք աձնել (առալ),* behexen
oder behext werden durch den bösen Blick (vgl. Hübschmann, Armen. Gramm. I. S. 254). *ձեթեղակ* bedeutet auch
zugleich Gewitter.

Der Dämon, das böse Auge, ist gewöhnlich ein blonder
Mann mit blauen Augen, zuweilen ein schwarzer Mann mit
braunen Augen. Es heisst z. B. in einem Zauberspruche:

„Ich habe ihm (dem bösen Blik) den Arm und den Ellenbogen ge-
bunden,
„Ich habe den blonden Mann und den schwarzen Mann gebunden,
„Ich habe sie mit dreifach gedrehtem Hanf gebunden,
„Den einen habe ich gebunden und gehenkt,
„Den andern in das bodenlose Meer geworfen."

In einem anderen Zauberspruche heisst es:

„Es zerplatze das Auge des Blauäugigen
Es zerplatze das Auge des Dunkeläugigen."

Gewöhnlich werden die sehr blauen und grünen Augen
bei den Männern auch für böse gehalten (NM. VII. 28).
Man soll sich vor solchen Männern in Acht nehmen. Wenn
jemand mit solchen Augen einen beschaut, so glückt dem Be-
schauten nichts mehr. Die Behexung besteht nur in dem
Lobe und Glückwunsch, die der Bösäugige ausspricht. Wenn

---

[1]) Vendidad, 22. 1—6. Darmesteter, Ormazd et Ahriman, p. 122.
[2]) Darmesteter, Orm. et Ahr. 243.

er einem Reisenden glückliche Reise wünscht, so wird dem Reisenden ein Unglück begegnen. Wenn er ein Paar gute Büffel, oder ein gutes Pferd sieht, und lobt, so sterben sie gleich. Das behexte Haus stürzt ein, der Baum vertrocknet, das Kind siecht dahin u. s. w. (SM. S. 111). Mit verschiedenen Zaubermitteln sucht man ihre böse Einwirkung zu beseitigen. Wenn man solchen Männern begegnet, speit man aus und sagt: „Der böse Teufel sei angespieen". Man speit auch auf einen Stein und kehrt ihn um, damit die böse Einwirkung des Auges auf den Stein übergehe. Dieser Glaube scheint sehr alt zu sein. Moses von Chorēn erzählt, dass der König Eruand für einen Mann mit bösem Blick gehalten wurde, daher hatten die königlichen Bedienten die Gewohnheit, beim Anbruch der Morgenröte sehr harte Steine vor Eruand zu halten, und man sagt, dass diese Steine unter seinem boshaften Blick zersprangen. Die Kahlköpfe, Milchgesichter, Einäugigen, Schielenden, Lahmen, Blinden u. a. sind, obgleich nicht so wie die bösäugigen, doch auch gefährlich, weil alle diese körperlichen Fehler für eine Folge der Einwirkung des Bösen gehalten werden.

In einem Zauberspruche weint die Jungfrau Maria auf dem Wege ins Paradies oder am Meer vor demselben. Christus trifft sie und fragt, warum sie weine. Sie giebt als den Grund ihrer Thränen das böse Auge und 366 (statt 666) unreine Krankheiten an.

„Wie sollte ich nicht weinen, wie sollte ich nicht Thränen vergiessen?
„Mir sind vierzig Pferde vom bösen Auge gestorben,
„Mir sind vierzig Maultiere gestorben".

Christus heisst sie in das Paradies einzutreten, das (Apostel)messer zu nehmen, das böse Auge und 666 „unreine" Krankheiten auszuschneiden, zu binden und in das bodenlose Meer zu werfen. „Was soll es essen?" fragt sie. „Es soll Stein und Essig, das Blatt von ꜰꝏꝗ (Viburnum Opulus) essen".

Der Zauberspruch wird oft mit einer Handlung begleitet. Man macht von Teig Klösse, benetzt sie mit Wasser und wirft sie ins lodernde Feuer. Wenn die Klösse im Feuer zerplatzen. so zerplatzt auch das böse Auge. Auch in Zaubersprüchen wird der böse Blick oft zum Feuer geschickt: „Das böse Auge zum bösen Dorn, das böse Auge zum bösen Feuer."

V i t a.

Als Sohn des Bauern Chatschatur Abeghian im Dorfe Astapat, im Gouvernement von Erivan (Russisch-Armenien), bin ich, Manuk Abeghian, am 5./15. März 1865 geboren. Ich habe meine erste Erziehung in der Klosterschule von Karmir-Vauk', in der Nähe meines Heimatdorfes, genossen. 1876—1882 habe ich meine Bildung in der Seminarabteilung und der geistlichen Akademie zu Etschmiadzin fortgesetzt und beendet. Von 1882—1885 habe ich dann in der spezial-theologischen Abteilung derselben eine theologische Bildung erhalten, darauf acht Semester (1893—1895 und 1896—1898) auf deutschen Universitäten hauptsächlich Philologie und Philosophie studiert: nämlich zwei Semester in Jena, drei Semester in Leipzig und drei Semester in Berlin. 1895—1896 habe ich als freier Zuhörer in Paris studiert.

Ich erlaube mir hier allen meinen Herren Professoren meinen Dank abzustatten.